本书受上海市一流学科建设——教育学（经费编号310-AC9103

U0504568

分布与交互

——校本教研中教师领导力提升的新机制

杨 婷 著

上海三联书店

自　序

　　诞生于 20 世纪五十年代的中小学教研组是一种"世界少有、中国独秀"的独特存在。改革开放以来,校本教研作为中国学校特有的专业活动,在发挥出改进教学、促进教师专业发展作用的同时,也呈现出一种明显的行政化色彩,具体表现在自上而下的教研制度、亚行政化趋势的教研职位、机械化分工的集体备课等方面,这些行政化色彩冲淡了问题意识、消解了思想碰撞,成为当前相当一部分学校所面临的教研困境。在寻求解困之策的过程中发现,"太上不知有之"的东方领导思维与当代以"分布式领导"为代表的西方思维在思想源头上竟有异曲同工之妙,二者在思想观念上的聚合不断充盈着本书的内涵并为校本教研的实践困境提供了可能性视角。基于上述背景,本书尝试回答"分布式领导如何指引校本教研走出行政化困境"这一基本问题,其中需要解答的具体问题包括:校本教研行政化的表现形式;分布式领导作为一种解困视角的现实依据;分布式领导视角下校本教研主体间的关系以及领导方式;校本教研主体间的影响机制等,以上问题是支撑本书的重要节点。

　　本书尽可能采用适切的方法展开研究过程,文献法用以梳理分布式领导与校本教研的历史脉络,访谈法为本书的扎根理论与个案研究提供了鲜活的实践材料。本书最后一部分以 Nvivo12 作为辅助分析工具实现对以校本教研为主题的扎根理论的研究,通过三级编码(开放性编码、主轴性编码、选择性编码），形成"校本教研主体间影响机制"的模型并以此为依据为学校层面实施校本教研提出可供参考的路径优化策略。

将分布式领导作为一种解困的可能视角，其原因在于分布式领导在构成要素、理念倡导以及组织结构方面体现出与校本教研不同程度的耦合，这是二者得以聚合的前提。针对校本教研行政化的问题，本书回应了分布式领导在校本教研实践中遇到的"分布"、"赋权"以及校本教研中领导者与跟随者边界的问题。领导力在学校教学结构中的分布有四个依据，分别为领导职能、学科类型、学校规模、发展阶段。领导者对教师群体的赋权存在着理论与实践之间的差异，分布式领导在理念上重视教师权利的实现，但是根据调研结果显示，教师在教学系统内的赋权意愿并不强烈，主要原因在于教师对赋权的认识集中在行政事务增加等方面，这与教师专业发展的内在需求与方向相悖，教师更愿意通过师徒结的方式实现自我进阶式的成长。此外，领导者与跟随者在校本教研中的关系经历了从静止到流动的过程，具体表现为校长作为行政领导者角色的消隐、教师作为教学领导者角色的提升，二者关系在理论上形成了刚柔相济的转变。

校本教研所面临的实践困境是一个复杂性问题，除了教研体制上的行政化倾向，教师对校本的认识也仍然处于零散的、感性的经验层面，分布式领导需要在体制和主体两方面着力。尽管我国校本教研天然具备分布式基础，但仍需清晰地认识到分布式领导对中国校本教研的意义不在于领导职位、角色以及权力的分布，而在于影响力的分布，而影响力分布的终极目的在于引起行为的改变，这种思考将推动研究者不断地探寻分布式领导在中国教育领域的本土化现实意义。

目　　录

第一章 导 论

一、研究缘起

校本教研作为传统教研体系中的新生事物在研究者与实践者的期望中登场,却在学校层面遇到到了专业组织行政化的难题,而分布式领导的走向与视角回应了教研中的行政化问题,尽管它起源于西方,但是却与东方的领导力思想有着异曲同工之妙。二者的适切性与个人的研究旨趣共同构成了本书的研究选题的缘由。

(一) 校本教研在发挥专业组织功能的同时依然受到行政化干扰

2001 年,教育部出台《基础教育课程改革纲要(试行)》,强调中小学教研部门在课程改中的重要作用。之后,有关部门陆续出台了一系列与此相关的政策文件,从不同维度对教师专业成长提出了要求。其中校本教研成为教师专业发展的重要载体,它从学校的实际出发,依托学校自身的资源优势和特色进行教育教学研究。校本教研的基本特征是以校为本,围绕学校自身遇到的问题开展研究,旨在促进师生共同发展。校本教研提升了教师作为研究者的地位,在一定程度上激发了教师的活力,成为学校进行教育改革的切口。

然而,校本教研在我国中小学的实行尚属初级阶段,与所有的新兴事物一样,它在实践过程中暴露了一些问题。很多学校为了调动教师活力,实行"半天无课"制度,为了让教师有充足时间进行校本教研活动,学校每周专门安排时间专供教师教研。但实施一段时间后,效果不佳。问题主要有:教师教研参与度不高、自主性受限、教师抱怨耽误时间、教研目的难以达成等。有的校领导感叹道,半天下来,并未看到校本教研带给教师应有的活力,而恰恰是通过校本教研,看到了教师们消极和懒散的一面。

研究者在进行调研时,曾多次从不同侧面考察过若干区域的中小学校本教研的实施情况(城市–郊区、小学–中学–高中),纵观小–中–高各学段,校本教研的实践效果逐级递减。从总体上看,无论是从校本教材还是教学常规的落实效果上看,小学阶段执行的相对较好,中学次之,而受高考压力等因素的影响,高中校本教研的执行难度最大。笔者在与教师交谈中深深感受到校本教研现状的尴尬,几乎所有的教师在提及参与校本教研的感受时,不约而同地反映出指向一致的信息,即校本教研在起初激发了他们的活力,但是慢慢地却变成了负担,对教师而言,似乎校本教研正在成为与课堂教学与专业发展截然不同的两件事。与此同时,值得注意的是,学校领导层对校本教研普遍非常重视,顶层组织的实施力度强烈,实施态度积极。学校领导者的积极实施与教师的消极应对呈现令人难堪的冰火两重天的局面。深入了解后方知,学校领导层过于强烈的愿望以及行政化的干预折损了教师教研的积极性和自主性。学校领导往往并未真正参与到校本教研的互动体系中,事实上,他们常常处于校本教研的两个不同的层面(教师－里层－实践者/执行命令者,领导－外层－旁观者/发出命令者)。受此影响,校本教研在中小学火热了一段时间后,发展势头减弱,教师的实践热情遇冷。

(二) 分布式领导将提供一种走出困境的新视角

一切的变革都在于"人"的革新:"人的思想"的革新、"人的素养"的革新、"人的能力"的革新以及"组织结构"的革新。因此,对教师领导力的培养一直被视为教师教育发展以及学校教育变革的核心。领导力的研究一直致力于实现于人的发展。然而,近十年来,就单纯的理论研究而言,特质描述已经无法满足领导者的需求。美国西北大学(Northwestern University)的斯皮兰(Spillane)专注于分布式领导的研究,但是关于"如何分布"的问题是斯皮兰在最初进行领导力研究时遇到的瓶颈问题。他回忆到"几年前,当我正在对一个校长描述领导力的功能以及它的重要性的时候,那个校长说道:'我知道你说的那些,但是请告诉我怎么做?'"①这个尴尬场面使得斯皮兰发现仅仅描绘一个美好的愿景,告诉实践者一个优秀的领导具备什么(what)特质已经不能解决现实问题了,领导力的研究越来越关注如何(how)在实践中践行领导力。

自20世纪中期以来,分布式领导(Distributed Leadership 简称 DL)一直是最前沿的概念之一。它试图培养教师的领导知识、技巧、性情以提升学生

---

① Spillane, J. P. Distributed leadership [M]. San Francisco: Jossey-Bass, 2006: 8.

的学习成果。国内对分布式领导的研究的文献资料较少,就现有的文献而言,往往缺乏一定的针对性,仍处于萌芽阶段。然而,近几年,随着人们教育诉求的提升,教育改革进入深水区,人们渴望得到一些前沿的、有针对性的理论的启发。在这种情况下,分布式领导认为有必要创造一种环境,允许每一个人在学校中担任领导角色并承担相应责任。

分布式领导理论视角之所以可以为校本教研解困,其原因在于以下三个方面。首先,在实践层面,校本教研受到学校领导层的行政化干预,阻碍了研究主体间互动影响系统的形成,而互动影响系统是分布式领导的重中之重,因为"分布式"就是在每一次领导力实践中的分布,影响力不是从领导者到跟随者单向影响,而是跟随者与领导者之间的双向影响;其次,在学校层面,校本教研的初衷与意义有待进一步理清。所谓"校本"就是要解决个性化问题,校本教研是以学校为研究阵地,以教师为研究主体,以促进教师的教与学生的学为最终目的的教研活动。校本教研的理念支撑点与分布式领导的理念在某种程度上达到契合。如分布式领导重视具体的实践情境,提升跟随者的主体地位,强调领导力实践的循环性和影响力,这些在某种程度上与校本教研的倡导理念都不谋而合;最后,在个人层面,领导与教师均存在角色认同问题。在校本教研中,教师的自我认同感较低,并未将自己作为研究主体来看待,而领导层与教师层在校本教研中仍然是上对下的关系。分布式领导重视领导者与跟随者角色认同的问题,取消了组内成员在身份、官职、头衔上的区别,只有影响力大小的区别。分布式领导不仅注重个体的领导特质,更注重组织内部的领导氛围,并且提倡逐渐让领导者(校长)退出系统(Take "ego" out of the system)使之成为站在教师背后的那个人。

（三）关注教师发展是研究者挥之不去的教育情结

自 2015 年 9 月以来,硕博之间研究领域的过渡成为笔者一时难以逾越的障碍,一面钟情着对具体学科的哲学延伸,一面又在现代化的宏观视角中徘徊。这种感觉在每一次现代化课题的讨论、中小学的调研实践中潜藏着。2017 年 9 月,笔者来到美国范德堡大学访学,在我所关注的领域中所产生的最大感触是这边的"Teacher Education"始终与"Leadership"如影随形。"Leadership"不是校长的专属,而是每一个申请进入 Vanderbilt 大学的学生所要求的必备品质之一。(曾跟 Vanderbilt University, Willimams College, Trevecca Nazarene University 教育系教授浅聊后得知。)带着对国内教师教研困境的不解,笔者开始梳理有关领导力的所有的文献,并在中间回国进行调研,从理论研究上来看,"英雄主义领导者"时代已经逝去,如今已不再把一个学校的健康发展与否聚焦在个人的英明决策与果断行为上,但是在现实的学校发展中,"英雄主义领导者"时代并未逝去,绝大部分学校仍是在以校长为领导的"中央集权"的控制下缓缓运作着,教师只是在执行所接收到的任务。对于学校的组织气候来说,这是一种亚健康的存在方式。

分布式领导与校本教研在要素理念上的适切成为笔者选题的开端,校本教研作为我国提升教师专业发展的主要方式,行政化的问题成为纠缠其健康发展的"幽灵",而分布式领导作为西方领导力发展的前瞻性理论,对学校领导力实践具有话语权。领导力研究的关键是领导力实践的研究,脱离了领导力实践实践,一切都是无稽之谈。

　　根据文献梳理以及对学校实地调研的信息可知,对领导力的实践存在以下几方面问题:首先,理念先行,实践滞后。领导力理论产生于西方,国内研究在借鉴西方研究理论的同时对国内学校、校长、教师领导力发展的特殊性研究不够,领导力实践并未跟上领导力理论蓬勃发展的脚步,滞后于理念的发展;其次,校长困惑于如何适当"放权",教师困惑于如何恰当"执权"。在调研中所涉及的中学,可以"嗅"到领导力下移的味道,这也是校长的诉求,但是如何调动教师的积极性把零碎的事情变得井井有条是校长们一直思考的问题。在权力不断下移的过程中出现了教师能力无法承接的问题;最后,领导力无法实现分布式发展的原因在于校长与教师的角色认同问题。权力是一种形式的下放,校长没有从最高领导者的角色中走出来,教师也从未真正有过当家做主的感觉。

　　综上所述,校本教研在受到高度重视的时候,受到行政化干扰,其自上而下的任务安排、追求数量的考核指标以及低效的运作过程限制了它的健康发展。校本教研的行政化旋涡与分布式领导实践视角的天然"偶遇",成为研究者将其作为研究主题的重要契机。

二、研究问题与意义

(一) 研究问题

　　我国校本教研体系具有天然的"分布式"基础,分布式领导作为西方具有前瞻性的领导理论与中国的校本教研在实践结构、构成要素以及倡导理念上具有相关性,这成为二者可以相提并论的前提基础。本书的核心问题是"如何用分布式领导分析校本教研行政化困境",由此展开的子问题包括,

◇　校本教研行政化样态的表现形式是什么?

◇　分布式领导作为一种解困视角的依据是什么?

◇　分布式领导为校本教研提供的领导方式以及主体间的关系是怎样的?

◇　校本教研主体间的影响机制的理想样态是什么?

以上四个子问题是支撑本书的重要节点,其问题回答的充分与否直接关系本书的研究质量。除此之外,本书还会对分布式领导下校本教研的实践困境进行分析,并提出可供参考的提升路径。

(二) 研究意义

1. 理论意义

分布式领导始于 20 世纪中期的西方,但是在我国分布式领导还是一个崭新的理论,该领域的研究还处于起步阶段。鉴于此,本书首要的理论意义在于系统地梳理西方分布式理论的发展脉络,为中国分布式领导理论在起步阶段的发展贡献力量;其次,分布式领导思想在我国存在的时间远早于西方提出的实践,我国一直以来的教研制度就是分布式领导的原始雏形,只不过我国学者还未明确提出这一点。因此,在领导力理论一直被西方一统天下之际,通过对孔孟之道、兵法思想中关于渗透着分布式领导的箴言,唤起我国学者对我国历史文化精髓的重视和挖掘;最后,本书的研究视角实际上是国际化与本土化的结合,站在"巨人的肩膀上"俯视我国中小学分布式领

导的运作现状。

2. 实践意义

本书的实践意义不在于为中小学校长与教师的领导力实践开出一副良药,而在于提供了一个可能的解困视角。如果以填窟窿的方式来解决问题,那么问题往往会越来越多,本质上仍然是治标不治本的。正如一个人的真正改变是以思维方式的变化为标志,而非从身体特征的改变开始。分布式领导在实践中要承担的就是这样的角色和责任,在分布式领导与校本教研的适切性证明的基础上,本书从两方面为我国校本教研提供建议,在结构系统方面,运用分布式领导理论对中国校本教研体系进行重新审视,并结合分布式视角,对校本教研结构进行有机调整与重组;在实践主体方面,分布式领导将重新审视"领导者"(即校长等行政人员)与"跟随者"(即教师)的角色关系,为校长与教师在校本教研中的身份认同提供建议。

三、核心概念界定

(一) 分布式领导

分布式领导被称为领导力理论的新宠,它所关心的不是"领导者是否分布,而是领导力如何分布"的问题。因此,本书的理论基础是斯皮兰的分布式领导框架,该理论研究始于 1999 年,历时 5 年,覆盖芝加哥区域的 5 – 8 年级,运用了包括民族志、结构化观察、半结构化访谈以及教师校长问卷在内的多种混合研究方法建立起来的。①

　　斯皮兰对分布式领导的经典定义：分布式领导是领导者、追随者以及情景之间的互动过程，②从分布的视角来看，这个互动的集合有三个必要要素：(1)领导力实践是分布式领导的是核心。(2)领导力实践是在领导者、跟随者与环境的互动中产生的。(3)环境既被定义为领导力实践又被领导力实践所定义。在这个结构中领导者既涉及了普通人也涉及了英雄主义领导者，领导力实践不仅仅是角色和职位的问题，不是领导者个人实践行为，它是多方交互的产物。③（如图 1 - 1）

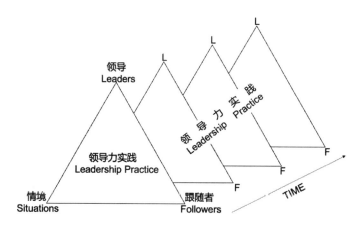

图 1 - 1　斯皮兰(Spillane)关于分布式领导的概念框架

　　哈里斯(Harris)基本认同斯皮兰的观点，它首先考虑的是领导力的实践与互动，而不是特定职位上的个人行为。分布式领导是一种包括教师、专

---

① Spillane, J. P. Distributed leadership [M]. San Francisco: Jossey-Bass, 2006: 15 - 20.

② Spillane, J. P. (2005). Distributed leadership. The Educational Forum, 69(2), 143 - 150.

③ Spillane, J. P. Distributed leadership [M]. San Francisco: Jossey-Bass, 2006: 4.

家、学生以及家长等各个群体广泛参与的领导力实践,哈里斯也非常强调"广泛参与(broad-based involvement)"一词。①

　　然而,分布式领导(distributed leadership)是一个经常容易被混淆的概念,以至于在产生之初就受到过"新瓶装旧酒"质疑,这里的"旧酒"主要指分享领导(shared leadership)、团队领导(team leadership)、民主领导(democratic leadership)等。其实,分布式领导是一种具有前瞻性的领导力理论,绝非"新瓶装旧酒",但是在不同情况下,分布式领导的确会在某些侧面体现出上述领导力的特点。为清晰地阐释这一核心概念,下文将回答"何为分布式领导"以及"分布式领导与其他具有相似关系的领导力理论的边界"等问题。

　　在资源与权利分配时体现共享领导力。在领导力实践中,共享领导强调领导者和跟随者共同承担领导责任,摆脱传统领导者对一切权力的控制,充分调动跟随者的主动性与积极性。分布式视角允许共享领导的存在,但并非所有的分布式领导都需要共享。分布式领导假定一系列方向的设定都是由各级人员而不是顶层领导者完成的,②它倾向于让更多个体承担领导责任。③ 但分布的视角允许领导力在多大程度上共享是依据情境决定的。④

　　在决策分析与制定时体现民主领导。民主领导是指校长作为学校制度

① Harris, A. Distributed school leadership: Developing tomorrow's leaders [M]. London: Routledge, 2008:38.

② Fletcher, J. K. & Kaufer, K. Shared leadership: Paradox and possibility. In C. J. Pearce & C. Conger (Eds.), Shared leadership: Reframing the how and whys of leadership. Thousand Oaks, CA: Sage. 2003: 22.

③ Spillane, J. P. Distributed leadership[M]. San Francisco: Jossey-Bass, 2006: 3.

④ Spillane, J. P. Distributed leadership [J]. The Educational Forum, 2005, 69(2): 149 .

的设计者通过权力下放来实现对学校的民主管理。分布式领导允许民主领导的存在,但它将领导力看作是许多人而非几个人的现象,这就说明了面向民主的分布式领导是一种分享的过程,而非是单方面授权与执行的关系。①从分布式的视角来看,领导力会延伸到学校的领导者们,但它并非是一种民主式的普遍存在。② 对于投身于领导实践的个体而言,无论是否具有正式的领导头衔,分布式领导均给予承认,因此分布式领导的外延远大于民主领导的外延。

在多维领导维度上体现共同领导。根据黑楠和班尼斯(Heenan & Bennis)的观点,共同领导发生在"权力和责任均被分配的时候,共同领导者们有共同的价值和愿望,他们在一起工作并朝着共同的目标去努力。"③但是在分布式领导中,即便他们在实践中没有共享价值,他们也有可能为了不同的目标在一起工作,但此时的实践仍然是分布式的,因而,并非所有的分布式领导都是共同领导。④

在信任机制上体现变革领导。变革领导强调领导者与被领导者之间的信任机制,侧重内在的"变"。变革领导者通过勾勒出组织愿景,打造团队目标的一致性,以此激励团队成员共同实现愿景。分布式领导与变革型领导有两点不同,一方面,分布式视角,没有对跟随者进行"自上而下"的价值观灌输,领导力的影响是相互的,而非单向的。另一方面,分布式视角把领导

---

① 蒋园园.分布式领导概念辨析及对学校组织改善的作用[J].教育科学,2008,24(06):11 - 15.

② Spillane, J. P. Distributed leadership [J]. The Educational Forum, 2005, 69(2): 149.

③ Spillane, J. P. Distributed leadership [M]. San Francisco: Jossey-Bass, 2006: 5.

④ Spillane, J. P. Distributed leadership [M]. San Francisco: Jossey-Bass, 2006: 24.

力实践放在了中心位置,而非其他行政人员或是校长的职位,但同时它也允许其他教师或者行政人员成为领导力实践中的关键角色。[1]

综合以上学术观点,本书在沿用斯皮兰对分布式领导的经典定义的基础上延伸并发展了这一概念。一方面,分布式领导是领导者、跟随者与情境的交互过程,它强调领导群体的广泛性与多样性(正式任命与非正式任命),强调影响的回环性(领导者与跟随者相互影响),强调实践的交互性(个体的内在获得而非形式呈现)。另一方面,分布式领导的实践是指向学校教学的,这是一个复杂的且具有挑战性的过程,教学限定了领导力实践的领域与范围,即教师教学,它涉及构建学校愿景、管理课程与教学以及改善学校组织气候等方面。[2]

(二) 校本教研

陈桂生先生曾说过,中国的学校教研制度,从表面上看是 20 世纪 50 年代"以俄为师"的结果,但其实是我国特殊历史时期的产物,至今已经有半个多世纪的历史,[3]这从侧面说明了校本教研是具有中国特色的教研制度。我国校本教研受校本课程的影响,校本课程(school-based curriculum)是一个外来语,最先出现于英美等国。受课程改革的影响,校本课程成为新课改的重点,与此同时校本教研也成为教师教育改革的重点。

---

① Leithwood, K. & Begley, P. & Cousins, B. Developing expert leadership for future schools[J]. London: Falmer Press, 1992: 25

② Hallinger, P. & Murphy, J. Assessing the instructional management behavior of principals[J]. Elementary School Journal, 1985, 86(2): 217 – 247.

③ 陈桂生. "中国的教研组现象"平议[J]. 南通大学学报(教育科学版), 2006(04): 1 – 4.

关于校本教研的核心定义,学术界并无太多争议,"校本"即以校为本,其含义包括三个方面:为了学校、基于学校、在学校。"为了学校"是指一切的教研活动以为学校自身的发展(即教师与学生的发展)为目的。"基于学校"是指任何研究问题都要从学校自身的实际情况出发。"在学校"是指任何的课题研究与问题解决都不能脱离学校的具体情境。

"教研"即指教学研究,其主体是教师,教研在 20 世纪 60 年代的"教师即研究者"的运动中就已经兴起。自此,教师在实践研究中的主体性地位得到重视。而"校本教研"一词是由教育部基础教育副司长朱慕菊在一次报告中提到,校本教研即以校为本,将教学研究的中心下移到学校,以课程实施中教师面临的具体问题为研究对象,以教师为研究主体,提倡学校专业共同体组织的建立。

本书所讨论的校本教研正是基础教育教学中以校为本的教学研究的简称,是在教育教学情境中产生的一系列研究。它共有三个理念:以学校为研究情境、以教师为研究主体、以谋求师生成长为研究目的。因此,"校本"的核心要义就在于解决具体问题,而具体问题必须在具体情境中才可以得到有效解决,脱离了情境的具体问题是没有意义的。校本教研是中国教研体系发展到一定阶段的产物和结晶,是当代基础教育改革的走向之一。

四、研究动态

本书的研究动态由三部分构成。第一部分关于"分布式领导",主要聚焦在分布式领导的早期的经典理论研究;第二部分是关于中国校本教研的研究成果。第三部分是在综述两方面研究成果的基础之上挖掘该领域的上升空间。受研究成果资源分布的限制,第一部分的综述以国外成果为主,辅之国内研究成果,第二部分的综述以国内研究成果为主,辅之国外研究成果。

（一） 关于分布式领导的研究

哈里斯曾在研究中表示,如果想充分、全面的获知分布式领导的每一个研究侧面,务必从不同的视角来区分分布式领导,即概念的（analytical）、实践的、（practical）,实证的（empirical）,①这三个维度反映了分布式领导在理论与实践中的不同层面以及发展的连续性。（如图 1 – 2）

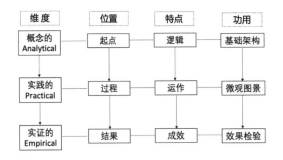

图 1 – 2　分布式领导文献综述的维度取向

---

① Harris, A. Distributed school leadership: Developing tomorrow's leaders ［M］. London: Routledge, 2008: 200.

1. 基于概念维度的分布式领导

詹姆斯·斯皮兰(James P. Spillane)是当今分布式领导理论的领军人物。他认为,领导力是一个交互集合的实践系统,由领导者、跟随者以及情境三个要素构成。斯皮兰(Spillane)强调领导力实践并回答了分布式领导如何在实践中实施的问题。① 分布式领导取消了领导者在焦点式领导中"一统天下"的地位,将领导者置于与追随者平等且相互影响的位置上。在具体教育情境中,教师、课程开发者、学校内正式或者非正式的人员都可以成为追随者,而领导者的职责不在于领导追随者,而在于影响追随者,同理,追随者在与领导者的实践互动中,也可以促进领导者的领导实践。② 由此可知,分布式领导通常引入多类别群体,一些有领导职务,另外一些没有,分布式领导的实践不是由个体行为构成的,而是由群体交互行为构成的。

彼得·格荣(Peter Gronn)对分布式领导的初期研究反映了斯皮兰定义中的社会背景倾向,但他同时也认识到学校领导者角色的复杂性以及将任何特定的情况都归因于一种领导形式的挑战,因而他强调一种混合式的分布领导模型,他的混合式概念意识到个体领导和共享领导在组织内部不同时期同时出现的可能性。③ 格荣(Gronn)反对分布式领导的"添加剂"(additive)现象,它描述了一种不协调的领导模式,表现在我们允许所

---

① Spillane, J. P. Distributed leadership[M]. San Francisco: Jossey-Bass, 2006: 9.

② Spillane, J. P. Distributed leadership[M]. San Francisco: Jossey-Bass, 2006: 16.

③ Gronn, P. Hybrid leadership. In K. Leithwood, B. Mascall, & T. Strauss (Eds.), Distributed Leadership According to the Evidence. New York, NY: Routledge. 2009: 17 – 40.

有人可以参与领导职能,却没有考虑他人的领导能力。这似乎是那些主张"每个人都是领导者"的人最常见问题。① 因此,他提倡的是一种整体的混合式概念,他认为,"混合"可能比"分布"更准确地反映了组内成员关系的复杂性。②

莱兹伍德(Leithwood)等人将分布式领导的焦点放在对非正式领导者的参与上。根据对八所学校的校长与教师的访谈,莱兹伍德(Leithwood)发现前面提到的功能差异化和专业化的问题,更多的教师愿意携手从事复杂而非简单的工作任务,就方向设定而言,一旦组织内成员有了愿景,这些非正式领导者往往会为其内心的一致性目标进行实地战斗。但是,如果非正式领导者仅以个人的方式履行职责,那么仍需要由校长进行定期监督。③

由此可见,国外学者对分布式领导的研究是具有奠基意义的,它引领了后来研究者对分布式领导的关注。我国学者对分布式领导的关注始于2003的《何为分布式领导》这篇文章,它对分布式领导在中国的发展具有开创意义。④ 此后,相关文献逐年增多,但往往集中在对概念辨析以及理论缘起的概述,小论文居多,以专著、硕博论文的形式发表的深度研究较少。如冯大鸣于2004发表在《教育研究》上的一文,从对领导力理论的概述中引出分布

---

① Gronn, P. Leadership: Who needs it? [J]. School Leadership and Management, 2003, 23(3): 271.

② Gronn, P. "Distributed leadership as a unit of analysis" [J]. Leadership Quarterly, 2002, 13 (4): 429.

③ Leithwood, K. & Mascall, B. & Strauss, T. & Sacks, R. & Memon, N. & Yashkina, A. "Distributing leadership to make schools smarter: taking the ego out of the system" [J]. Leadership and Policy in Schools, 2007, 6(1): 47 – 55.

④ 严丽华,王垒. 何为分布式领导[J]. 中国人力资源开发,2003(8):54 – 55.

式领导的相关论述①。次年,方学礼把分布式领导视为西方学校领导的再造。② 张晓峰③等学者也从分布式领导的概念辨析展开对该理论的讨论。这些研究在分布式领导在中国发展的初级阶段具有重要的引导作用,但是不足之处在于仅是在理论层面进行概念式探讨,落实到学校层面的实践研究较少。

2. 基于实践维度的分布式领导

实践性视角重视分布式领导的实施过程。长期以来,领导力在教育领域的研究对领导者宏观任务(macro task)的过分关注,导致微观实践(micro practice)受到冷落。正如斯皮兰在研究实施过程中遇到的情境一样,"我知道这些,请告诉我怎么做"。实践性视角回应的恰恰是"领导力是如何在实践中分布的?"这一问题。

斯皮兰的研究力图要回答的一个问题是,在学校领域采用分布式视角究竟有何意义? 斯皮兰表示也许他不能提供一个对分布式领导的完美定义,但是他可以铺设自己对它的理解。以下四个问题成为构建理解的关键支点:(1)何种关键因素被引入到分布式领导? (2)领导力是如何在人与环境相互作用的关系网络中分布的? (3)如何在组织机制中检验领导者与跟随者的角色? (4)如何说明分布式领导是一种全新而非新瓶装旧酒的理念并思考它对实践以及自身发展的启示。④

---

① 冯大鸣.美、英、澳教育领导理论十年(1993－2002)进展述要[J].教育研究,2004(3):72－78.

② 方学礼.分布式领导——西方学校领导再造探研[J].外国教育研究,2005(12):57－60.

③ 张晓峰.分布式领导:缘起,概念与实施[J].比较教育研究,2011,33(9):44－49.

④ Spillane, J. P. Distributed leadership[J]. The Educational Forum, 2005, 69(2):143

在英格兰的一项研究中,麦克贝斯(J. Macbeath)提出了领导力实践的六种分布方式。即(1)正式性分布。即通过领导者的指派任命来赋予教师权力,这是早期传统的分布方式,其特点是执行性强,但是被动的指派无法调动教师的积极性。(2)实用性分布。即在应对一些非常规的事务时对教师的任命。(3)策略性分布。即基于学校宏观发展规划对教师的任命,例如校长为发展国际事务而提前创建一些职位,然后选择合适的人选补齐空位。(4)渐进性分布。它是分布式实践方式的转折,它产生的情境是当团队中的成员展现出一种领导能力时,领导者让他承担更多的领导责任。(5)机会性分布。有些组织成员具备领导能力而不自知或者有意隐藏,但是某些突发事件刺激了组织成员对自身领导力的展现,事件的临时性和突发性赋予了个体领导力展现的机会。(6)文化性分布,这是领导力分布式的最高境界。当以上六种分布风格逐渐嵌入学校中时,学校的组织成员会感受到学校领导力广泛分布的氛围,每个成员都可以承担起对学校的职责。在这五种领导力分布方式中,1～3都属于传统的指派型分配,4～5是从传统的领导力分布到现代领导力分布的过渡,6则是领导力分布所倡导的健康模型,并非一蹴而就,而是经历了1～5之后逐渐形成的一种组织气候。

泰勒(Taylor)于2004年在他的博士论文《分布式领导与为提升教学的教师视角与动机》①中指出,分布式领导是一系列设计功能的总和,用于教

---

① Taylor, J. E. (2004). Distributed instructional leadership and teachers' perceptions of and motivation for instructional improvement (Order No. 3122056). Available from ProQuest Dissertations & Theses Global.

学过程以及教学的提升,这些都是由多个甚至一群领导执行完成的。尽管许多学者在教育领导力领域已经将更多的精力投入分布式领导研究中,甚至有许多学者做了开创性的尝试,但是很少有研究尝试这种分布式领导的实践结果。早期的研究提供给我们最初的答案,但是同时也留下了一系列有待解决的问题,如政策制定者、改革设计者、一线的实践者都不能够充分理解分布式领导,[①]实践者与研究者一直在寻找领导力分布式的形式,以作为学校发展的提升策略,因为这是比以校长为首的英雄式领导更具优越性的领导模式。

西方不少研究者把分布式领导聚焦在高中学校,尤其是城市高中学校。如海尔森德(Halverson)把分布式领导作为一种理解高中领导力实践的方式,他的研究引导研究者解释教学是如何在学校层面通过多个个体的努力而提高的。分布式领导不仅应该阐明谁会卷入到学校改革(主体),而且应该涉及在什么样的情境下卷入的。[②]布莱德森(Bredeson)的研究主体也聚焦在高中,而且是城市高中,他通过对六所学校的教师与校长的访谈发现,领导力项目有效地帮助了教师解决教学中遇到的挑战,当教学领导小组捕捉到学校的民主氛围时,这个学校的教师就开始积极从事在教学研究中的主要活动了。除此之外,研究还指出,六所学校的调研数据表示,教师专业发展聚焦在分布式领导的基础上,这是实现全校改革创

---

① Leithwood, K. and Jantzi, D. The effect of different sources of leadership on student engagement in school. In Riley K. and Seashore Louis, K. (eds.), Leadership for change and school reform[M]. London: Routledge. 2000: 50 – 66.

② Halverson, R. & Clifford, M. Distributed instructional leadership in high schools [J]. Journal of School Leadership, 2013, 23(2): 389 – 419.

新的重要举措。① 此外,凯莱(Klar)在题为《为城市高中分布式领导奠定基础:校长如何促进系主任教学领导力的提升》的博士论文中,运用案例研究的方式概括出城市高中校长培养教学领导者的独特方式。其中包括:培养对分布式领导的共享理解;为教师领导承载力的发展提供机会;为教师成为教学领导提供机会;实时敏感教学领导者的需求;对教师的要求给予支持;对分布式领导呈现出长期的实践承诺。在这项研究中,校长的目标非常明确,即致力于把教学领导者打造成以教学领导为核心、以促进学校发展为己任的专业团队。在校长促进教学领导者实践的同时,教学领导者也会促进校长领导行为的改善,这就是分布式领导中的影响力双向互动。②

与国外在高中层面存在的大量的分布式领导的研究不同,国内文献或从教学领导的视角渗透分布式领导,或从分布式领导的视角映射教学领导,当国外研究者把分布式领导的注意力聚焦在高中时,国内的研究文献却得出这样的结论:受高考压力等因素的影响,分布式领导在小学 – 初中 – 高中实行的效果呈现逐级递减的特点,而受教育资源等因素的制约乡村学校的分布式领导实施难度最大。此外,基于分布式领导理论采取多案例研究的方式,对 3 所实施分布式领导的学校进行调查,回收到 70 份教师、校长问卷,20 份访谈资料。调查结果显示,大部分教师赞成分布式领导的理念,正

① Bredeson, P. V. Distributed instructional leadership in urban high schools: Transforming the work of principals and department chairs through professional development [J]. Journal of School Leadership, 2013, 23(2): 362 – 388.

② Klar H W . Laying the Groundwork for Distributed Instructional Leadership in Urban High Schools: How Principals Foster Department Chair Instructional Leadership Capacity. [J]. Proquest Llc, 2010:296.

确的实施分布式领导可以激发教师领导潜能,缓解校长压力,但是往往由于校长权责错位,或授权不够,导致实践效果不理想。[①] 也有研究者从组织与个人两个层面研究分布式领导对我国中小学教师增权赋能的意义以及在实施过程中的阻碍。

综上所述,分布式领导在实践层面与国外呈现截然不同的两种局面,我国聚焦在校长与教师权力的分布问题上,如有研究者认为分布式领导在校长、教师以及行政人员的平等共享权利受阻是组织制度保障的缺失所致,而分布式领导的基本模型就是教师增权赋能的实现机制,[②]同时也是现代学校谋求现代发展的实践转向。[③] 冯大鸣在 2000 年初为分布式领导做了充足的理论奠基之后,于 2012 年首次强调分布式领导的中国意义,这个研究问题是在分布式领导对西方学校领导研究形成巨大影响而中国的领导研究仍"处之泰然"的对比下产生的,在中国理论界微弱的回响中,分布式领导的中国意义便显得尤为紧迫和重要。他从分布式领导的核心关注点、骨干教师专业发展的侧重点以及课程领导的研究焦点等几个方面将国际化视角融入到本土视野中,将理论问题逐渐落到实践层面,不断地在探寻本土的、有针对性的实践意义。因此,无论是理论研究者还是实践者都需要在洞悉分布式教师领导精髓的基础上,着手实践,切勿急于求成。

---

① 金秋萍. 中学分布式领导研究[D]. 广西:广西师范学院,2015.

② 刘胜男,赵敏. 教师增权赋能的实现机制——分布式领导活动中的要素及作用机理[J]. 教育发展研究,2011,31(12):16-20+26.

③ 蒋园园. 关注过程:现代学校分布式领导模式的实践转向[J]. 教育理论与实践, 2011,31(31):25-28.

3. 基于实证维度的分布式领导

实证维度关注的是分布式领导的实效性,用量化的研究方法揭示其构成要素之间的变量关系。关于变量关系,研究者通常会从领导实践维度的细分要素中选取有效变量进行研究,而对于实效性与结果的检验,现存的文献则出现两种倾向,一种是分布式领导的积极影响,另外一种是则是消极影响。

(1)呈现积极影响的分布式领导研究

在最近的一项研究中,安娜(Anna)与夏建刚学者采用量化的研究方法,分析了2013TALIS数据中分布式领导与教师自我效能、工作满意度之间的关系。相关研究表明,具备高效能感的教师能够更好的应对挑战和挫折。凭借不断提高学生学业成绩的优势,全球的研究人员重新关注学校领导在何种程度上影响了教师自我效能感(teacher self-efficacy)以及工作满意度(teacher satisfaction),最终影响教师的教和学生的学。因此,其研究假设是分布式领导存在于学校和教师两个层面并对教师工作满意度有重要的影响作用。

该研究的统计结果表明,分布式领导在教师层面的影响是可以测量的,与教师对该领导方式的看法有关。这项研究首先考察了教师感知到的分布式领导与自我效能以及工作满意度之间的特定联系,而这些发现,对教育决策者、教育研究人员以及学校管理者在通过学校领导力提高教师自我效能感和工作满意度方面具有重要意义。尽管许多研究都在检测分布式领导,但是他们大多集中在一个层面而且往往仅限于学校管理层面,较少的研究触及教师对分布式领导的看法,尤其是基于学校和教师两个层面对这种影响的分析则更加罕见。①

　　其实,分布式领导对教师成长以及学生成就的影响在早期的研究中就有所体现,斯林和穆福德(Silins & Mulford)在 2002 年从学校作为一个组织系统的角度,对五百多名校长进行调查研究,结果表明当领导力在学校群体中得以分布的时候,教师专业化程度有所提高并能促进学生学习成绩的提升。② 莱兹伍德(Leithwood)的研究也发现如果一个学校注重培养教师的领导力,并让其在活动中承担适当的领导责任,那么教师的积极性以及学生参与度都会得到显著提高。③ 莱兹伍德还关注了分布式领导的四种类型对教师与学生的影响,即计划性协同(plentiful alignment)、自发性协同(spontaneous alignment)、自发性错位(spontaneous misalignment)、无序性错位(anarchic misalignment)。在短期的学校组织变革中,计划性协同与自发性协同对学校组织变革有重要影响,但在长期的学校组织变革中,计划性协同则在四种分布类型中占据首要影响地位。④ 黛西(C. Day)的研究恰巧是在莱兹伍德分布式领导类型的基础之上,他的研究显示在学校变革的过程中,有计划的分布式领导比自发的或盲目的分布式领导有更好的效果,而且分布

---

　① Sun A, Xia J. Teacher-distributed leadership, teacher self-efficacy and job satisfaction: A multi-level SEM approach using the 2013 TALIS data[J]. International Journal of Educational Research, 2018.

　② Silins, H. & Mulford, B. Schools as learning organizations: The case for system, teacher and student learning [J]. Journal of Educational Administration, 2002, 40(5): 425 – 446.

　③ Leithwood K. & Jantzi D. The effects of transformational leadership on organizational conditions and student engagement with school [J]. Journal of Educational Administration, 2000, 38(2): 112 – 129.

　④ Leithwood K. & Mascall B. & Strauss T. Distributing leadership to make schools smarter: Taking the ego out of the system [J]. Leadership and Policy in Schools, 2007, 6(1): 37 – 67

式领导的持续性实施对学生成就有非常重要的影响。① 海克(Heck)团队通过对美国近 200 所小学为期四年的研究发现分布式领导可以被视为提升教师学术承载力以及营造学校学术环境的重要措施,该研究特别强调了分布式领导对学生数学成绩提升的积极影响。② 堪布恩和韩(Camburn&Han)的研究聚焦在三十几所学校教师分布式领导与教师教学之间的变量关系,研究表明二者呈现正相关。③ 更有研究表明,在分布式领导实施的过程中,即便是批判性的对话对教师专业学习群体的发展也产生积极的作用。④

(2) 对分布式领导前景的隐忧

从整体上看,对分布式领导消极影响的研究主要集中在理论的分析,以实证的方式证明其消极假设的研究占少数。其实,分布式领导自产生之初就存在争议,斯皮兰表示在分布式领导自出生即"难产",因为被怀疑是新一代的"新瓶装旧酒"现象,因为它与共享领导,民主领导等都存在不同程度的交集。⑤ 如果一所学校受政策引导,强力实施分布式领导,那就极容易出现

---

① Day C. & Sammons P. & Hopkins D. & Leithwood K. & Kington A. Research into the impact of school leadership on pupil outcomes: Policy and research contexts [J]. School Leadership and Management, 2008, 28(1): 5 – 25.

② Heck, R. H. & Hallinger P. Assessing the contribution of distributed leadership to school improvement and growth in math achievement [J]. American Educational Research Journal, 2009, 46(3): 659 – 689.

③ Camburn, E. M. & Han, S. W. Investigating connections between distributed leadership and instructional change [M]. Netherlands: Springer, 2009: 25 – 45.

④ Stoll, L. & Bolam, R. & McMahon, A. Professional learning communities: A review of the literature [J]. Journal of Educational Change, 2006, 7(4): 221 – 258.

⑤ Spillane, J. P. Distributed leadership [M]. San Francisco: Jossey-Bass, 2006: 20 – 22.

一种形式化的消极现象。例如,一所英国学校 68 位教职员工,其中拥有领导身份的有 52 位,76% 的成员都被学校贴上了"领导者"的标签,换言之,如果一个学校只有 16 位老师没有所谓的领导者角色,这显然是不合常理的。① 泰姆博雷(S. Timperley)在 2005 年发表的《分布式领导:从实践中来的发展理论》的文末指出,分布式领导在产生之初就隐藏着文化交叉的问题,在倡导每个人都可以成为领导者的同时,那些没有被正式任命的教师在实施领导行为时可能会受非议。② 米勒和瑞文(Miller & Rowan)的研究以美国 239 所学校为研究样本,在对数学与阅读两个学科 1000 多名学生的成绩进行分析后发现,有机式管理对学生在数学与阅读两个学科的成绩均没有显著提升,但是当学校的有机管理出现一种随意状态时,可能会对学生学业成就以及校园体验感产生消极影响。③

让人感到欣慰的是,我国学者在分布式领导盛行于教育领域的今天,没有一味的跟风随从,而是保持清醒的头脑,客观地审视这现象。在谈到分布式领导对中国发展的特殊意义时,有学者表示,分布式领导的要义不在"角色"和"权力"的分布,而在于"影响"的分布。分布式领导的"中国意义"的重点不仅是权力该不该分布,分布到哪一级,分布给哪个职位,更是哪些影响对所追求的结果是重要的,哪种分布方式或影响模式对某一结果的追求

① Gronn, P. The future of distributed leadership [J]. Journal of Educational Administration, 2008, 46(2): 141 –158.

② Timperley, H. S. Distributed leadership: Developing theory from practice [J]. Journal of curriculum studies, 2005, 37(4): 395 –420.

③ Miller, R. J. & Rowan, B. Effects of organic management on student achievement[J]. American Educational Research Journal, 2006, 43(2): 219 –253.

是有效的,是谁实际上发挥了领导者的作用等等。① 这样的研究视角对分布式领导在我国中小学的发展具有重要的现实意义。

(二) 关于校本教研的研究

校本教研作为教师专业发展的主要方式一直都是我国学术研究的热点,从文献的可视化分析结果可知,我国对校本教研的研究始于 2002 年,到2006 年出现研究高峰,在之后的 10 年中,一直呈现平稳的研究热度,尽管从总体趋势上看,近几年的年发文量低于 400 篇,但是"校本教研"在研究领域与学校层面一直持有较高的热度,成为教育者关注的焦点。

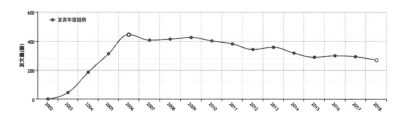

图 1 - 3　以校本教研为主题的文献分析图

现有文献可粗略分为两类,一是以校本教研内涵,组织结构为特征的本体论研究,二是对校本教研实施现状进行调查的实证研究。这两类研究明显的不同点是,前一类研究主要集中在校本教研的上升阶段,对校本教研进行理论基础建设,是谋求上升与改造的时期。后一类研究主要集中在校本教研处于稳步发展或是略有下降的阶段,既表现出对校本教研的重视,又体

---

① 　冯大鸣.分布式领导之中国意义[J].教育发展研究,2012,32(12):31 - 35.

现出对校本教研的隐忧。

1. 以校本教研内涵,组织结构为特征的本体论研究

对校本教研最经典的解释是"为了学校,基于学校,在学校中"。这意味着校本教研是以改进学校实践,解决学校问题为目标。因此,学校中的问题,要通过学校中的人来解决,从提倡理念到实施步骤都是基于学校自身的(school-based)的,强调教师的主体作用。这就印证了校本教研就是以学校为基础、以教师为主体、以行动研究为导向的学校教育教学研究这一学术观点。① 后期有研究者指出,校本教研主要强调的是依托学校资源优势,有针对性地围绕学校教师教学专业、学生学业发展、学校文化环境等具体问题,在与教师共同体的合作对话中谋求解决。② 可见,不管是在哪个阶段,学者们对校本教研基本理念的认同度是基本一致的。

随后,有研究者指出校本教研的五大特性:(1)校本性,问题是基于学校的;(2)科研性,找准学校发展问题,选好研究课题主体;(3)人本性,以教师与学生的发展为基础;(4)牵引性,教学工作是学校一切工作的核心;(5)依托性,以教研室为依托。研究者也提到,校本教研是一种崭新的研究活动,可以借鉴行动研究的方法着手解决现实问题,包括多角色分析、课堂观察、个案研究等。③ 崔允漷教授也在一项研究中总结出教师专业发展活动的形式,包括校内评课、与同事讨论、阅读专业文献、教研组小组学习、校内公开

---

① 肖川,胡乐乐.论校本教研与教师专业成长[J].教师教育研究,2007(1):17-21.
② 何文明.论教研员在校本教研中的角色转换和指导策略[J].上海教育科研,2012(5):61-63.
③ 卢琳.论校本教研[J].教育导刊,2002(23):32-35.

展示、专家报告、参加校外交流研讨以及参加研修班等。①

此外,校本教研的早期研究专家余文森曾经说过,教学研究重心的下移是当前学校发展与教师成长的主要任务。他指出,以校为本的基本理念包括两点,一是关注学校发展,二是研究回归实践。其中教学研究的基本要素包括,教师个人、教师集体以及专业研究人员,他们构成三位一体的关系。教师个人的反思,教师集体的协作以及专业引领下实践与理论的对话共同构成教师专业成长的力量。② 余文森对校本教研的研究具有连续性和系统性,他又提出校本教研的三种类型,即教学型教研,研究型教研,学习型教研。教学型教研是以"教"为着眼点,以教学案例为载体;研究型教研是以"研"为着眼点,以研究课题为载体;学习型教研是以"学"为着眼点,以阅读为载体。这三种教研形式各有利弊,只有三者有机结合才能体现校本教研的内涵与外延。③

无论在产生之初,还是在发展过程中,校本教研一直都作为提升教师专业品质的主要方式,受到国内外研究者与实践者的高度重视。2016 年 7 月在上海召开的首届全国教研创新论坛的成功召开印证了这一点,来自美国的知名专家、教育部基础教育课程教材发展中心代表、国内教授、学者、教研室主任、教研员以及企业界代表,围绕"用影响力资本撬动中国教研创新"这一主题进行了主题演讲和专题对话,就教研制度创新与范式转型、提升教师

① 崔允漷. 关于我国当前中小学教师专业发展活动的调查研究[J]. 全球教育展望,2011,40(9):25-31.
② 余文森. 论以校为本的教学研究[J]. 教育研究,2003(4):53-58.
③ 余文森. 校本教学研究的实践形式[J]. 教育研究,2005(12):25-31.

员课程领导力以及影响力资本撬动中国教研创新等方面进行深入研讨。①

2. 对校本教研实施现状进行调查的实证研究

校本教研在不断向前发展的过程,也是在不断暴露问题的过程。目前中小学校本教研呈现出诸多问题。如,选题过"大",研究主体错位,研究水平不尽如人意等。② 中小学教研的实施情况、教师在教研组中的境况越来越引起研究者的关注。

有研究者通过对 S 省的问卷调查,对该省两所小学一所初中的教研组以及教研组成员的生存状况进行调查,结果表明,有73.3%的教师认为教研组是一种行政组织,60.4%的教师认为教研组承担的主要工作是管理,只有5%的教师认为教研组承担的主要任务是引领课题。此外,一个比较有趣的现象是尽管很多教师认为教研组在提升教师专业成长方面并没有发挥应有的价值,但是被问到是否赞同取消教研组时,98.2%的教师选择了"不赞同"。从这种看似矛盾的回答中,可以间接反映出教师对教研组织真实的心理状态:一方面教研组织已经潜移默化地深入到教师的学校生活中,具有稳固的实践基础;另一方面,教师对教研组存在隐形需求和良好期待的。③

还有的研究从教研员的角度审视我国教研制度的内容与方式。对我国31省近70个地市级教研机构进行问卷调查,研究表明,各地教研员对于教研活动的认可度显示出以下几个趋势:华北地区教研员高于其他地区教研

① 周文叶,陈铭洲.寻找支点:用影响力资本撬动中国教研创新——全国首届教研创新论坛综述[J].教育发展研究,2016,36(20):81-84.

② 张伟平,赵凌.当前中小学校本教研的问题与对策[J].教育研究,2007(6):69-73.

③ 岳海玲.中小学教研组生存境遇的实证研究与理性思考[D].山东:曲阜师范大学,2010.

员;区县与地市级教研员高于省级教研员;高学历、高职称、低学段教研员高于其他类教研员。与此同时,有研究者表示,教育行政部门干预、教研室职能、教研员队伍建设等问题将成为影响教研活动开展的主要因素。[①]

崔允漷教授对 17 个省 132 位中高职称的教师进行问卷调查,得出以下研究发现:(1)虽然"典型"的校本教研活动在校开展频率较高,但是教师对其效果的评价却较差。(2)在一方面强调"典型"的校本教研活动时,忽视了那些非典型性的(个人自主研修)的专业发展活动。(3)教师对听专家报告与做课题研究持较高水平的认可。(4)当前教师参与校本教研的态度存在从小学到中学积极性递减的趋势,越是需要专业知识与技能的教师,参与专业发展活动的积极性越低。[②] 需要提及的是研究者把 10 项校本教研活动大致分为两类。一类是有学校直接组织的典型性教研活动,包括集体备课、听评课、教研组集中学习、公开课展示、课题研究等。另外一类是由教师个体或校外人员主导的专业发展活动,如自主阅读、同事之间自发研讨、听专家报告等。研究者认为应该在提高典型性校本教研的活动质量的同时不能忽视非典型性校本教研活动的作用。

3. 少量的国外研究

"校本教研"是一个具有中国特色的词语。在外文文献中,以"school-based teaching research"为主题的研究成果的作者多为华人研究者,介绍中国校本教研的研究成果。例如,有研究者为了诊断北师大附属中学校本教

---

① 平芳.我国教研内容与方式研究[D].上海:华东师范大学,2018.

② 崔允漷.关于我国当前中小学教师专业发展活动的调查研究[J].全球教育展望,2011,40(9):25–31.

研的实施情况,采用问卷设计对 103 名在职教师进行分析,结果发现该校校本教研总体上是有效的,学校领导特别重视,但是过多的工作以及高考压力是阻碍校本活动的主要因素。① 面对当前校本教研的种种问题,可以借鉴第三方校本培训的成功经验,将工作流管理的概念引入到校本活动中,利用工作流程可以有效地帮助教师进入一个良性的校本活动轨道,并帮助学校建立有效的校本培训机制。②

此外,也有国外学者对校本教研进行自我探究,从可获得的文献中可以看出,国外校本教研的概念外延大于国内的校本教研,它不仅仅局限在教师群体基于学校、为了学校的研究,一种来自大学对中小学互助的伙伴关系,也被纳入到校本教研的范畴内,这样的学校被称为研究型学校,具有三个主要职能:研究(research)、培训(training)和传播(dissemination)③其中比较有代表性的是哥伦比亚大学以葛伦娜(Glennon)教授为首的研究团队,在哈佛大学教育学院与一些公立和私立学校建立合作关系的基础之上,研究这种伙伴关系的运行机制,结果发现富有成效的校本教研(school-based teaching research),可以作为研究伙伴关系的典范。这里所说的校本教研不是我们通常意义上的教师群体基于基础教育学校问题的探究,而是大学与中小学

① Li, Xiao Hui. "Diagnostic Research on the School-Based Research Implementation of the Experimental High School Attached to Beijing Normal University." Order No. 10339826 Beijing Normal University (People's Republic of China), 2010.

② Zhou, Ming. "The Design and Application of the School-Based Research and Training Platform on the Basis of Workflow Management." Order No. 10441792 East China Normal University (People's Republic of China), 2010.

③ Fischer, K. W. Mind, brain, and education: Building a scientific groundwork for learning and teaching[J]. Mind, Brain, and Education, 2009, (3): 2-15.

在伙伴关系中的合作。以哈佛大学教育学院与佐治亚学校(George School)为例,佐治亚学校的教师接受了哈佛大学的培训,哈佛大学了解了他们在工作上的困难和需求,帮助教师熟悉最近的研究,并引领他们做行动研究。在与教师建立这种伙伴关系之后,该研究却发现了关于学生学习态度、动机转变的研究结果。(1)佐治亚的学生对他们感兴趣的科目更具内在动机,但对于较不感兴趣的科目更具外在动机。如"尽我所能"和"个人成长"是具有内在动机的体现。另一方面,被"成绩"和"渴望取悦我的父母和/教师"的兴趣所影响则是具有外在动机的表现。

这些结果表明学生的兴趣在产生内在动机中起着关键作用。当然,这个结果并不令人惊讶,但对于课堂练习来说这很重要。在这些结果的基础上,研究人员建议教师的目标是支持并引导学生如何发展自己的兴趣。[1] (2)该研究的另一个重要发现是,当学生感到这项工作是为自己做的时候,他们就会对工作更感兴趣并且更愿意为之努力,这也是学生内在动机形成的过程。[2]

(三) 以往研究有待加强之处

经过对以上文献研究的分析整理,在分布式领导研究的领域在以下几方面还有待于加强:

1. 从研究的理论基础上看,"领导力"乃至"分布式领导"一词的明确提

---

[1]　Hidi, S. Interest and its contribution as a mental resource for learning [J]. Review of Educational Research, 1990, (60): 549 – 571.

[2]　Ryan, R. M. & Deci, E. L. Self-determination theory and the facilitation of intrinsic motivation, social development, and well-being [J]. American Psychologist, 2000, (55): 68 – 78.

出始于西方,因此国内外的相关研究在涉及理论渊源时,便会看到 20 世纪 50 年代吉布(Gibb,C. A.)第一次提出"分布式领导"[1],斯奈德等(French & Snyder)提出领导力就是影响力,坎特兹和坎韩(Katz & Kahn)则提倡把领导力的关注群体由群体转向组织[2]等论述。(在此不一一列举,可参看文献综述部分)这些为分布式领导理论的发展打下了坚实的基础。但其实中国传统文化中也为领导力理论提供了深邃的思想源泉,孔孟之道、兵法思想中的部分经典更是在直接或隐晦地描绘一个领导者的精神长相以及如何运用领导力的具体场景。例如,《道德经》以"自然之道"为高度,推崇"人道",预示"君道"的灭亡,并指出"太上,不知有之,其次,亲而誉之,其次畏之……"。即真正的领导者,人们并不知道他的存在,这与分布式领导研究强调校长推出系统之外的观点具有相似性。大到国家,小到学校,东西方思想理论中总有交汇的地方,东方丰富且智慧的领导理论箴言是该领域研究者需要重视的一点。

2. 从研究对象上来看,校长在前期领导力研究领域中占主体,而教师则成为领导力研究中被忽视的群体。在分布式领导的实践中,有不少研究建议校长将自我角色退出在系统之外,对教师领导者进行充分赋权,让校长成为站在幕后的领导者。从权力视角上看,身份变化的背后是权力的重新分配,现有文献对这一点提供了较为充分的论证依据。从系统视角上看,分布式领导强调领导力实践和互动,它具备成为学校领导力实践操作系统的潜

---

① Gibb, C. A. (1954), "Leadership", in Lindzey, G. (Ed.), Handbook of Social Psychology, Vol. 2 [M]. Addison-Wesley, Reading, MA, 1954:877.

② Katz, R. L. and Kahn, D. The Social Psychology of Organizing, 2nd ed. [M]. Wiley, New York, 1987:571.

力,但现有文献对这方面的研究还不够。

3. 从研究视角上来看,不少文献是从分布式领导的实用性视角展开分析,用实证的研究方法进行结果测量的较少,也有一部分研究是用分布式领导来应对传统领导力在实施过程中的种种缺点。有两点需要注意:其一,分布式领导本身内含视角,即分布式视角;其二,比较视角缺失,如何让分布式领导这一西方理论与中国本土实践相结合,则需要跳出分布式领导之外来看分布式领导与中国教学系统的相关性。

4. 从研究目的上看,国外学者的研究多侧重于对概念的审视与厘清,国内学者的研究侧重于对其关系的测评以及效果的检验,尤其是分布式领导中两个研究主体行为关系的研究。从表面上看,似乎国内研究已经走到国外研究的前面,实则不然。国内部分研究的不足恰恰表现在对概念边界的模糊,对理论阐释的匮乏。忽视了校长与教师在分布式领导中的"元"问题,而"元"问题是展开一切研究的基础;其次,从研究目的上看,国内文献对分布式领导在学校层面的文献较少,有关分布式领导对中国基础教育的意义和贡献的研究缺乏针对性和现实性。分布式领导在中国基础教育阶段学校的实践不应是"嫁接",而应该追求其自然生长。因此,如何让分布式领导这一西方理论在中国本土"自然生长"是研究者有待考虑的现实问题。

五、研究思路与方法

(一) 研究思路

本书遵循"提出问题－引入视角－分析问题－解决问题"的基本思路展

开以分布式领导为视角的校本教研研究。首先,通过对分布式领导以及校本教研的相关文献研究,明晰校本教研的实践困境并探寻分布式领导作为解困视角的依据,与此同时,从中国传统文化思想中探寻分布式领导的思想源泉,在深化对分布式领导的认识的同时明晰分布式领导中国化的本土意识;其次,利用访谈搜集有价值的实践材料,从校本教研的领导方式以及主体间关系的角度分析中国校本教研的"分布式"基础以及现在所面临的行政化困境;最后,通过扎根理论行政校本教研主体间影响机制的理想模型并结合校本教研的行政化困境提供路径优化策略。(如下图1-4)

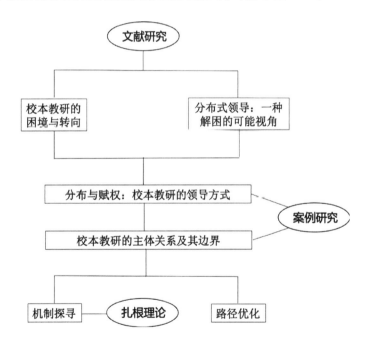

图1-4 "校本教研中教师领导力提升的新机制"之技术路线

（二） 研究方法

研究方法不求推陈出新，但求恰到好处。合适的研究方法在理论研究中被视为"撬动地球"的支点，因此研究方法与研究问题的适切性显得尤为重要。本书研究方法的功用如下，文献研究是针对本书的理论基础，回答分布式领导与校本教研"是什么"的问题；访谈法用于辅助回答二者适切性关系的问题并为案例研究与扎个理论提供丰富的材料；扎根理论用于对校本教研主体间影响机制模型的形成；案例研究是对本书问题经验式的解释与探索，针对分布式领导如何提升校本教研的问题。

1. 文献法

文献研究是一种古老而又富有生命力的研究方法，主要通过搜集、归纳整理，分析鉴别某一研究领域的文献，掌握该领域的研究动态与发展脉络，形成科学的认识。本书的文献研究主要包括以下两个方面，一方面，通过馆际互借获取分布式领导主题的原始英文书籍，并从 ProQuest、EBSCO 等外文期刊网上获得在线文章，厘清了分布式领导在领导力理论中的位置以及分布式领导本身发展进程，由此带来本书在理论基础与研究视角的新见解，还原分布式领导理论的发展原貌。另一方面，中文文献的用途主要体现在，通过古籍著作（部分电子版）挖掘分布式领导在东方的理论根基。通过著作、知网（期刊，学位论文、报告）等文献，掌握分布式领导在国内的发展动态。这两部分共同构成本书的研究基础。此外，本书仍然采用了文献中的案例研究，主要为美国亚当斯学校的改革案例，尽管有地域差异，但亚当斯学校是分布式领导中典型的研究案例，从失败到成功的转折中有很多值得国内学校借鉴之处,特此纳入本书。

2. 扎根理论

扎根理论(Grounded theory)是典型的质性研究方法,是指研究者根据某一领域的研究问题,不断对资料进行分析、思考、比较,通过开放性编码、主轴性编码、选择性编码不断抽取上位概念,从而形成范畴关系、建构理论的一种方法。虽然质性研究强调对现象的深描,但是一项高质量的研究不应该近停留在对现象的简单描述上,而是应该提出研究者自己本土化的理论线索,与前人展开对话。为了形成本土化的理论线索,笔者遵循扎根理论的两个标准:契合(fit)和相关(relevance),①从数据中而不是从预想的假设中提取编码类属。

扎根理论的开展过程有两个关键点需要说明:一是关于工具的选择,本书通过深度访谈并配以 QSR Nvivo 12 作为辅助分析工具来完成扎根理论的三级编码。Nvivo 适用于对非数值性、无结构资料进行索引,帮助研究者完成编码搜寻、建立逻辑关系以及概念范畴等工作。②而笔者所使用的 QSR Nvivo12 是当前该类研究软件的最新版本,大大提高了编码效率。另一方面是关于研究问题模糊与清晰的转换。在进行扎根理论之前,笔者并未预设理论模型的最终样态,随着数据搜集与数据分析的同时进行以及三级编码过程对研究概念和范畴的层层深入,一条清晰的校本教研脉络图就浮现在笔者面前,但是这并不代表研究的停止,而是通过不断进入的补充资料逐渐

---

① [英]卡麦兹.建构扎根理论:质性研究实践指南[M].边国英,译.重庆:重庆大学出版社,2009:69.

② 郭玉霞.质性研究资料分析[M].台北:高等教育出版,2009:3.

达到研究理论的饱和,这便是本书所遵循的思路和方法。

3. 案例研究

案例研究是一种经验式研究,它是在真实的生活情境中探索特定个人或群体的特定行为的一种研究方法。对案例学校的筛选,本书采用典型性与可获得性相结合的原则,其中访谈对象以教师占主体地位,同时也包括教研组长、教学主任、校长等教学领导者,每次访谈都在访谈对象的允许下进行录音,之后完成转录整理的工作,并利用 Nvivo 质性软件进行分析和整理。在笔者引导访谈对象进入深度访谈的过程中,通常进入纵向访谈的访谈对象,一般会成为本书系统个案研究的来源。

本书使用案例研究的原因有三,首先,分布式领导是西方领导力理论,校本教研是东方领导力实践形式,二者的关系以及二者如何在实践中结合具有复杂性,很难用理论来描述这种关系状态,因此个案研究为深入这一复杂的过程提供了较大的空间;其次,案例研究具有很大的灵活性,在使用方法上,可以使用一个案例、多个案例抑或某一个片段,甚至单一的分析单位。它可以是一次完成,也可以对访谈者进行多次访谈,可以对单独教师访谈,也可以对集体教师访谈;最后,关于"意义建构"的重要性,本书的访谈者是具有主观能动性的一线教育工作者,他们对校本教研的理解和感受会直接影响到校本教研的实践,因此,笔者需要在他们的表达、感受、语气以及神态中还原校本教研的实践状态。

4. 访谈法

访谈法是本书的基础性研究方法,它是扎根理论本土资料以及案例资料的获取途径。访谈一直被视为是能够全面并深入了解领导者分布经验的最恰当的研究方法,通过访谈,我们能够接触到学校有关分布式领导的故事。[1] 与问卷调查的不同,案例研究旨在辅助回答的不是"是否"的问题,而是"为什么这样"以及"怎样能更好"等开放式研究问题。除去预访谈,本书共进行了两次正式访谈,由于后期在美国访学因素的影响,第二轮访谈是由赴美进行教师培训的部分教师主体完成的,如(表 1 - 5)所示。

表 1 - 5 案例学校及其访谈对象基本情况[2]

访谈对象	隶属学校	地区	身份	访谈次数	访谈轮次
S-T-1 S-T-2 S-T-3	S 中学	北京	教师	横向访谈	第一轮
H-T-1	H 中学	江苏	教师	横向访谈	第一轮
W-T-1	W 小学	江苏	教师	纵向访谈	第一轮
S-T-1	S 小学	深圳	教师	横向访谈	第一轮
D-L-1 D-L-2	D 中学	河北	教研组长 教研组长	横向访谈	第一轮
L-V-1	L 中学	陕西	教学副校长	横向访谈	第一轮
Q-H-1	Q 中学	安徽	校长	纵向访谈	第一轮
Y-D-1	Y 中学	安徽	科研室主任	横向访谈	第一轮
Q-L-1 Q-P-2	Q 中学	山西	教研组长 校长	横向访谈	第一轮

① Cherkowski & Sabre & Willow Brown. "Towards Distributed Leadership as Standards-Based Practice in British Columbia." [J]. Canadian Journal of Education 2013, 36(3): 23 - 46.

② 注:采用学校名称首字母的方式为学校编码,访谈对象的编码解读为:学校 + 身份 + 相同身份不同序列。学校编码是学校名字首字母,身份编码为最高身份对应的首字母,具体为校长 P-Principle、副校长 V-VicePrinciple、主任 D-Director、教研组长 L-Leader、教师 T-Teacher;如果同一学校,同一身份出现不同访谈对象,则按照阿拉伯数字对其进行排序。如果 M 中学两位教师先后进行访谈,那么,依据访谈先后顺序,对访谈对象的编码为 M-T-1 和 M-T-2。

（续表）

访谈对象	隶属学校	地区	身份	访谈次数	访谈轮次
R-L-1	R 中学	北京	教研组长	横向访谈	第一轮
B-L-1 B-L-2 B-L-3	B 中学	北京	教研组长 教学主任 教研组长	横向访谈 纵向访谈 横向访谈	第二轮
Y-T-1 Y-L-2 Y-L-3	Y 中学	北京	教师 教研组长 教研组长	横向访谈 纵向访谈 横向访谈	第二轮

　　本书的访谈是基于一套系统的访谈问题展开的,分为横向访谈和纵向访谈两种类型,这两类主要是根据访谈次数与深度来划分的。横向访谈又称为一次性访谈,同一时间对同一研究问题一次性的获取资料。纵向访谈又称为多次访谈,特指对固定研究对象多次搜集跟踪数据的访谈。问卷的编制经历了不断修改的过程。笔者通过开放性问题鼓励他们说出意料之外的故事,引导其进入深度访谈的过程,深度访谈会引发研究对象对其个人经历进行解释,而此时需要注意的一个关键点就是提问的方式与访谈者的状态,因为"设计问题的方式和操作访谈的方式之间的契合程度会影响访谈开放与聚焦关键命题之间的平衡。"①此外,侧重选取与本书主题密切相关的群体,如普通教师、教研组长、教学领导者等进行访谈,因为与一个具有相关经验的人进行深入访谈会对一个具体问题产生深入的探究。笔者的两轮访谈都是寻找具有相关经验的目标群体,但是第二轮访谈时,被访者的筛选更

---

① ［英］卡麦兹.建构扎根理论:质性研究实践指南［M］.边国英,译.重庆:重庆大学出版社,2009:34.

具有针对性和指向性。经过两轮访谈,最终获得 12 所学校 20 位被访谈者的调研数据。

本书所涉及的是一个具有弹性的问题,之所以没有用量化的方式来研究问题主要原因在于,分布式领导与校本教研二者的关系不是一种文字和技术上的契合,而是一种理解和意义层面的契合,因此,扎根理论在"参与"与"对话"中共同建构意义的研究趋向适切于本书的研究目的。

六、访谈提纲设计

访谈提纲的拟设对本书的主要研究方法起着重要的作用,它是进行访谈法和扎根理论的前提基础,为了清楚的呈现该访谈问卷的设计思路,本部分将涉及"问谁"、"问什么"以及"怎么问"的问题,[1]旨在形成一套逻辑严密表述清晰的问卷设计。

(一) 访谈对象的抽样原则

关于校本教研的实施情况,之前有研究表示:中小学比高中实施的好,发达地区比发展中地区实施的好。为了使调查具有代表性,本书采用典型性与可获得性原则。根据教育发展水平及其经济发展状况抽取不同层次的城市教师作为访谈对象,分别为北京、江苏、深圳、河北、陕西、安徽等,学校

---

① 柯政,洪志忠. 教师专业发展的本土理解——基于对 132 位中学高级教师的调查[J]. 教育发展研究, 2011(18):48-56.

参与教研活动的教师群体和教研组长、参与教研决策制定的中层领导和校长是本书的主要调查对象,秉承"减少层内差异,增加层间差异"的原则,根据统计结果进行适当分层。

关于访谈者数量:根据林肯林和古巴(Lincoln&Guba)的观点,用于访谈目的的样本属相应该大于 12 个,[①]介于本书问题的复杂性以及互证性的需要,本书涉及不同层面的正式访谈对象共 20 人,其中普通教师 7 人,教研组长 8 人,校长等中层领导 5 人,其年龄段从 70 年代到 90 年代不等,其学历从大专到研究生不等。

关于抽样原则:与量化研究不同,质性研究不完全遵守量的抽样规则和程序,由于质性研究注重研究对象获得比较深入细致的解释性理解,因此研究对象的数量一般都比较小,不可能(也不必要)采取概率抽样方式。[②] 而是更多地采用"目的性抽样"。本书所采用的是正是质性研究的"目的性抽样"原则,即抽取那些能够为本书提供最大信息量的目标研究对象。采取强度抽样的基本策略,即选择具有较高资讯密度和强度的个案。[③]

(二) 访谈提纲的拟定依据

本书的访谈提纲以分布式领导为立论视角,努力寻求分布式领导与校本教研的相关性维度,二者不是在技术上或表达方式上的耦合关系,而是在理论、思想以及内含实质上的共通关联,这种共通关联是分布式领导适切于

---

① Lincoln & Guba E G. Naturalistic inquiry[M]. CA:Sage Publications,1985:124.

② 陈向明. 社会科学质的研究[M]. 台北:五南出版社,2002:138.

③ 陈向明. 质的研究方法与社会科学研究[M]. 北京:教育科学出版社,2000:327.

学校教育的科学依据。为了遵循"逻辑性和完整性"的特点,本书的访谈提纲先拟设基本维度、再拟设二级指标、最后各个分支上拟设访谈题目,其研制的基本过程为:

首先,结合研究主题,共拟设核心理念、实践过程、分布程度、实践效果等四个维度;其次,在每一个维度下找出双方共通的要素,(如扁平化的组织结构既是分布式领导的要素也是校本教研的基本要素)这种要素的测量就可以看作是二者具有契合关系的依据,以此作为二级指标的指标要素;最后,对场景和语言进行转化,分布式领导属于西方的领导力理论,校本教研属于我国教师专业化实践的基本方式。由于被测群体(中小学校长、教师等)对分布式领导并不熟悉,因此,为了让访谈对象更充分的表达自己的观点,该问卷将会规避与分布式领导相关的学术用语,转化为教师在校本教研中熟悉的场景和语言,关于访谈提纲的原始框架如下。(图1-6)

表1-6 访谈提纲的拟定

维度	二级指标	访谈题目
核心理念	重视领导力实践	教师如何才能够真正在教研中获得成长?
	强调跟随者地位的提升	纵向:从过去十年到现在,您觉得教师在教研活动中的主体地位有提高吗?具体表现?(学校对教师教研的政策发生哪些变化?) 横向:与学校其他决策活动相比,您觉得教师在教研活动中有更大的施展空间吗?
	影响力在情境中的双向互动	您会受到比您资历底的人的影响吗?举例说明 您是否接触过一些没有领导职位、头衔,但是很多影响力的教师?描述一下他的特别之处,怎么评价这一现象?

维度	二级指标	访谈题目
实践过程	专业学习社区	教研活动是怎么展开的？（可从组织形式、关注点等方面回答。）
	情境中的常规	贵校为了提升教师的专业性与领导地位,为此做了哪些举措？（比如说增加了哪些常规的教师活动？）
	互动合作	您觉得教研活动保持活力的关键是什么？如何更好地实现与教师之间的交流、互动的？
分布程度	组织结构的扁平化与"领导者+"	贵校教学系统的组织结构是什么？不同阶层的领导都扮演什么角色？您是怎么赋权的。
	打破领导阶层边界	领导角色的消隐:您如何看待您在团队中的角色的？对教师的作用是什么？
实践效果	改进机制	贵校是如何检验校本教研的效果的？如何进行反思和改进的？
	实践困境	您觉得贵校在教研活动中遇到的最大障碍是什么？
	理想样态	描述一下您曾跟跟随过的最好的领导是什么样的？描述一下您所经历的感触最深的教研活动是什么样的？

经过预访谈之后对访谈题目进行合并与调整并综合多位专家的意见,最终确定十个具有代表性的题目,它们与上图中维度与指标并非呈现一一对应的关系,一个题目可能会指向多个指标要素,如下将逐一解释,

第一题,请简要介绍下贵校实行教研活动的基本情况,(可从常规形式、特色环节等几方面考虑),该题属于综合式开放式题目,放置首位主要是考虑到当被访谈者面以最为熟悉的问题开端时,旨在营造一种轻松的氛围。该题目主要考察"实践过程维度中教研活动作为专业社区"的载体在学校层面运行的情况。

第二题,贵校教学系统的组织结构是什么？各层人员的职能是什么？

您扮演的是什么角色,在工作职能的分配上,您是如何调到教师或(下级)工作积极性的?（可用关键词描述。)该题主要针对教学领导者发问的,从教学系统的组织结构中检验"组织结构扁平化"与"领导者＋"的指标。该问题会根据情况要求教学领导提供纸质或电子版材料。

第三题,学校有哪些常见的教研活动形式?您觉得教研活动保持活力的关键是什么?如何更好地实现与教师之间的分工和互动?该题并行考察"实践过程维度中的合作互动"与"核心理念维度中的情境互动"。

第四题,贵校是如何评价校本教研效果的?您觉得贵校在教研活动中遇到的最大困境是什么?如何进行反思和改进的?该题考察实践效果维度中的改进机制与现实障碍。

第五题,描述一下您经历过的感触最深的教研活动是什么样的?（有学校领导参加吗?行政领导参加是以领导领导身份还是参与者出现的?)该题考察"实践效果中的理想样态",这是一道多维视角题,即使同一学校的教师,每个人的回答都可能是不一样的,这类题目的好处在于可以从被访谈者的记忆中调取出最真实的感受。

第六题,从过去十年到现在,您觉得教师在教研活动中的专业地位有提高吗?与学校其他决策活动相比,您觉得教师在教研活动中有更大的施展空间吗?请举例说明,您觉得发生这种变化的原因是什么?该题分别从纵向与横向两个维度考察"核心理念维度中跟随者地位提升"的情况,教师的作答是在对自我作评价,中层领导与教研员的作答则是从客观的角度审视教师地位的变化。

第七题,您是否接触过一些没有领导职位,但是很大影响力的教师?描述一下他的特别之处,怎么评价这一现象? 在教研活动中,您会受到比您年轻、资历低的教师的启发吗? 请举例说明。"该题目从资历的高低以及职位的有无来考察"核心理念维度中的影响力"是否可以冲破领导职位与资历的边界实现回环的互动。在此需要说明的是,打破领导力的边界与实现领导力的双向互动本身就是具有承接关系的一体问题,因此将核心理念和分布程度中的两个要素在同一问题中考察。

第八题,学校为了提升教师的专业发展,都采取了哪些措施,增加了什么活动。该题考察的是"实践过程维度中的常规活动",分布式领导强调的情境,不仅包含具体的实践情境还包括促进该实践情境发生的活动与举措,因此设置此题的寓意是为获取学校为提升教师专业性与领导地位所设置的活动。

第九题,描述一下您遇到的一位最好的领导是什么样的? 您期望这个领导能为您的专业成长做些什么?"本题考查"实践效果维度中理想样态的考察",与第五题一样,该题具有极强的真实性,并且为本书的路径提升部分提供估证。

第十题,在您由普通教师上升为教学领导者的过程中,您遇到过的困难是什么以及如何解决。"该题考察的教师在角色转型过程中的应对措施。

因此,正式的访谈提纲经过了题目的合并与顺序的调整,呈现为两个部分,第 1 - 5 题是对教研活动组织结构的考察,6 - 10 题是对教研活动的实践主体的考察。

(三) 题目表述与调查方式

关于访谈题目的表述问题,不可一概而论。本书的基本立论在中小学教师群体中具有特殊性,一般而言,两者的相关性一般采用直接的方式去证明,例如取两方相同的维度,证明分布式领导与校本教研的相关性。经过前期预调查可知,作为校本教研的实践主体,他们并不熟悉分布式领导理论,这在无形中增加了二者耦合性证明的难度。因此,在所呈现的访谈题目中,分布式领导的理论在语言表述上被有意隐藏,测试题目的实质是渗透着分布式领导理论的校本教研问题,所有的问题设置以第一人称"我"为主语,并还原到学校教学活动的场景以被访者熟悉的方式呈现,这样一来,被访者会在无意识的情况下对二者的关系做出了客观的判断,从而提高了研究结果的有效性和准确性。

七、研究的信度与效度

作为质性的研究方法,扎根理论的研究过程是否可靠,研究结果是否可信常常成为扎根理论最大的挑战。质性研究方法并非如量化研究方法一般用客观的数据来呈现其研究的信效度,但是这并不代表质性研究方法不科学,它也有严格的路径需要遵守。为了保证质性研究的信效度,国外研究者表示可以采用三角互证、同行评阅、澄清研究者偏见、成员检验以及深描等方式进行检验。[①]

---

① 朱丽叶·科宾,安塞尔姆·施特劳斯著,朱光明译. 质性研究的基础:星恒扎根理论的程序与方法(第3版)[M]. 重庆:重庆大学出版社,2015:312.

（一）研究信度

研究信度是指"研究的方法、条件和结果是否可重复，是否具有前后一致的惯性"。① 换言之，在限定了方法与条件的前提下，如果重复该研究过程可以得到与之前一样的结果，那么证明该研究的信度就较高，反之亦然。该种方法在量化研究中可以实现，而任何一个质性研究既会受到社会因素的影响，有会受到研究者与被访谈者当时特定情境的影响，尤其是在访谈时间段内说出的话都是即时的，只有在"此情此景此时此地"才会发生，是访谈者已有经验的总和，随着时间的流逝，经验、想法、感悟都会发生变化。因此要实现质性研究的可重复，难度极大。但这又是任何研究不可缺少的一个考核标准，只有通过不断反思，才能让资料、结论以及获取结论的方法保持一致。因此，从搜集材料到分析材料，研究者努力让自己的反思意识贯穿始终，在延伸出来每个概念的同时都会勾连与其他已有概念的联系，进行不断比照。例如，在本研究过程中，研究者一方面总结第一轮访谈材料中的问题与困惑，另一方面针对特定问题，寻找有代表性的个体进行二轮访谈，在分析新生成的转录材料之后，与之前形成的概念类属进行对比，合并重复类属，添加新的类属，最终形成一个相对完整的概念框架。

（二）研究效度

通常而言，研究效度是指研究结果的真实性和可靠性。威尔斯曼

---

① ［美］威廉·维尔斯曼著，袁振国译.教育研究方法导论［M］.北京:教育科学出版社,1997:11.

(Wiersma)表示"效度主要指结论的准确性(内在效度)与结论的普遍性(外在效度)"①斯古福德(Schofield)认为"质的研究重点要解决的是内在效度的问题,而非外在效度。"②质的研究使用的效度是指一种关系,是研究结果和其他部分(研究者、研究问题、研究目的方法、情境)之间的一致性。质的研究效度受多方面因素影响,如对研究现象描述的准确度,研究者理解、表达和转述被访者信息的确切度等等。为了确保本书的真实性和可靠性,研究者采取了以下措施:一是在访谈之前,尽可能的悬置对被访谈者的先前了解和假设,力争以一种全新的眼光对待每一个被访谈者。尤其是在是扎根理论的过程中,资料的输入与分析需要同时进行,这个时候对后续访谈者要尽可能的排除偏见。二是运用"三角互证法":第一是访谈人员的多样性,校长、教学校长、教研组长、老中青普通教师,通过对不同角色的人进行检测,目的在于对已经建立的研究结论进行检查,以最大限度减小误差。第二,通过访谈、观察以及对文献的分析进行检验和互证。第三是回访被访谈者,在整个研究过程中,在对被访者横向访谈完之后,根据研究需要,笔者多次回访部分被访谈者,如对已经转录的材料真实度的确认以及对部分分析的认同度,并酌情接受被访者的意见。第四是成员检验,本书采取录音的方式对被访谈进行访谈,之后根据录音对访谈者的口述内容进行转录,但是在转录过程中,为了呈现内容的完成性,会根据前后语境,对访谈信息进行增添语句。在完整转录内容之后,将这些转录文字发给被访谈对象,得到他们的认

---

① [美]威廉·维尔斯曼著,袁振国译. 教育研究方法导论[M].北京:教育科学出版社,1997:9.
② 马云鹏. 课程实施的探索—小学数学课程实施的个案研究[M]. 长春:东北师范大学出版社.2001:98-99.

同和反馈之后方可使用。

（三） 研究的理论饱和度

"理论饱和度"是扎根理论研究是否全面有效的衡量标准之一。三级编码在纵向上力争不断提取上位概念，在横向上则要保证所抽取的上位概念的全面性。当然，这取决于访谈材料是否全面，因此，若想使得理论类属饱和，涉及一个很重要的问题，即何时停止搜集数据？扎根理论对此权威而短小的回答是：当编码类属"饱和"时停止。具体来讲是，当搜集新鲜数据不再能产生新的理论见解时，也不能再出现新的类属时，资料搜集就可以停止了。

尽管达到理论类属的饱和度是扎根理论的理想要求，但是在现实中理论饱和度的达成只是"相对的"，很难在绝对意义上达到理论饱和。因为任何抽样所获得的数据，不可能与之前的数据完全一样，在某种程度上，概念的发展可能会在很长一段时间持续下去，而且受到各种现实限制条件等制约，只能在理论类属相对饱和的情况下，让研究暂时告一段落，有待将来进一步完善。其实质性研究对研究者个人的素质提出了很高的要求，在每一级的编码过程中，研究者都要警惕自己不要把先入为主的想法融入到编码数据中，这是一个只能靠研究者本身去把握和衡量的标准。因此，建立反思机制，让研究者具备反思意识，将会助力于编码过程与理论饱和达成度的实现。

第二章　校本教研的困境与转向

　　校本教研作为我国教研传统中的新生事物,它以解决具体情境问题、提倡教师领导者以及一切为学生发展为最终目标的核心理念在中小学登场,但同时也承接了传统教研遗留的历史问题。教学系统是一个较为松散的组织,教研活动作为教师专业发展的日常方式,在促进教师合作交流的同时也渐渐陷入一种行政化的状态,如"教师们例行公事般地讲课、评课,教研组的主要工作是传达学校指令、例行公事般地讲课、评课。"①本章从教研主体、教研形式、教研效果、教研制度等四个维度分析校本教研所面临的行政化样态,同时在对东西方领导力的溯源中分析困境、探讨转机并回答这一转机的教育学意味。

一、校本教研之困:专业组织中
难以褪去的行政化色彩

　　教研一直以来都被视为教学研究的专业组织,校本教研的产生在某种

---

① 蒋福超,刘正伟.专业学习共同体视角下的教研组变革[J].教育发展研究,2009,28(10):83–87.

意义上克服了传统教研的弊端,但同时也不自觉地承接传统教研的弊端。校本教研理应是一个专业组织,但是在现实中却演绎成了行政组织的样态,未能起到真正交流碰撞的效果。

(一) 机械化"分工"滋生以"量"为主的评价导向

近些年来,随着校本理念的倡导,学校越来越鼓励教研活动的多样化。一般而言,校本教研的基本形式包括集体备课、课例研究、主体研修、课题研究、网络研究等。[①] 有的学校也会开展具有本校特色的"切片教研"或校级之间的"同课异构"等,这些活动对于校本教研在学校层面的推进起到一定促进作用,但是往往也容易流于形式。例如,为了减轻教师负担,集体备课被所谓的"分工"与"合作"肢解了,"分工"即分摊任务备课任务,如一个单元分给三个老师,有人负责做 PPT、有人负责写教案、有人负责出单元试题。"合作"则是当教研组教师完成各自任务之后,就开始集体拼凑教案以此完成备课任务。[②] 教师进行的是没有交流的分工以及没有碰撞的合作,整个过程有如机械化流水线生产,教师完成的是拆分和组装的工作,但是"集体备课不是统一备课,不是拿出一个大家都可以用的最终的共同教案,不是设计出一些放之四海而皆准的教学模式。"[③]这种机械化的操作流程极大地损伤了教师对教研的信心。

无论是集体备课还是课例研究都旨在运用集体智慧解决个性化问题,

---

① 徐伯钧.我国中小学教研组建设研究述评[J].教育研究,2016,37(09):73-82.
② 赵文钏.小学教师"集体备课"现实问题与改进策略研究[D].西北师范大学,2011.
③ 林汉成.集体备课低效现状及反思[J].现代中小学教育,2009(01):54-55.

这是一个思维碰撞、取长补短的过程,应该处理好"共性"与"个性"的关系。① "很多学校的课堂变成了各种'流行理论'的试验场,一些该传承的、该坚持的东西没有坚持下去,所谓的新东西不能长久。"② 而大部分学校在发展过程中所形成的严格详细的教研制度本来是旨在维护教研活动的正常运转,但是教师在这种明确的层级关系以及量化的硬性要求下的交流往往是"去感情化"的。这使得本来应该是提升教师专业发展和增加教师幸福感的教研组,难以发挥其应有的作用,③ 进而导致了学校教研活动是在一个缺乏个性与时效性的现状下的重复和轮回。

从总体上看,中小学对教研活动的执行基本上呈现"高要求低考核"。也就是说学校的教研章程和制度都对教研活动的实施提出了较高的要求和标准,但是对于教研效果的考察从成文的规定上看是一个未被引起应有重视的方面。事实上,学校对教师教研效果确有考察,但考察主要集中在对"量"的关注上,如参加活动的时间、次数、申请课题的数量、阅读的数量以及论文发表的数量等。这种以追求数量为主的考核方式是传统教研的管理模式,即上级教育部门或学校管理者要求教师在一定时间内完成一定量的教研任务,因此这种定量的任务就顺理成章地用一种定量的方式来考察。

实际上,在传统教研向校本教研的过渡阶段,对教师教研效果的关注应该实现从"量"到"质"的转变,其原因在于校本教研不同于以往的教育研

---

① 赵文钊.小学教师"集体备课"现实问题与改进策略研究[D].西北师范大学,2011.
② 田慧生.时代呼唤教育智慧及智慧型教师[J].教育研究,2005(02):50-57.
③ 蒋福超,刘正伟.专业学习共同体视角下的教研组变革[J].教育发展研究,2009,28(10):83-87.

究,教师作为实践主体,其思维和行动成为校本教研活动展开过程中尤为重要的因素,量化取向的管理方式忽视了教师心智在教研活动中的作用。此外,"质的管理更加关注教研活动的规划、责任与分工、监督与评价、奖励与惩罚以及教师内在成长。"①然而,在这个重要的过渡阶段,校本教研的管理方式在某种程度上就会留有传统教研以"量"为主的管理方式的痕迹,尽管在理念上校本教研是对传统教研弊端的克服,并提倡以教师为研究主体,但是在实际运行中这种带有行政化意味的管理方式仍然挫伤了教师主动教研的热情,加之前期强制规定、中期支持不足以及后期监管不力等问题使得教研组织涣散且效率较低。

(二)"自上而下"的教研制度折损教师的自主性

曾有研究者明确提出"我国的教研制度是'自上而下'的管理体制,学校在学期中所要承担的科研项目、其他教学任务都是上级部门提前指定的,学校尽是按照上级部门的指令来行事,学校层面的自主权非常有限。"②的确,如今学校教研制度不容乐观,"自上而下"的管理体制衍生出许多问题,首先是学校教研中论资排辈的现象比较严重。一方面,有名望、资历深的学校更容易获得较好的教研项目以及经费资助。另一方面,在学校内,关于课题研究,骨干教师或有资历的教师享有教育教学研究的特权,初任或普通教师次之。笔者在调研中还了解到,在关于日常开展的教研活动,教研活动从

① 孟霞光. 校本教研:教师专业发展的有效途径[D]. 山东师范大学,2005.
② 曾楚清. 课程改革大背景下改进学校教研的思考[J]. 现代教育论丛,2005(01):57-59.

开展形式到话语权的掌握也都是自上而下的,学校层面和区级层面的教研活动大多是以教研员或有资历的老教师主导。尽管近些年来,在理念上新教师群体得到越来越多学校的重视,但是在现实中,其效果仍然不尽如人意。此外,学校的教研题目很少来自教师,而教研内容也更多地集中在对课本知识的处理上或者对备课任务的分工安排上。

教研体制上的"自上而下"对教师自主性的挫伤主要表现在教师对校本教研的淡漠。在调研中被访者在言谈中呈现了不同程度的对"校本"的无感。第一种情况,教师对"校本"一词,感到茫然。例如在笔者还没开始正式访谈的时候,一位执教十九年的教师讲到,"说实话,之前我对校本教研没有什么了解,但刚才听说你要访谈这方面的内容,我就在网上查了一下。"(Y-L-3)该教师是其所在学校的学科带头人,据他所言,"校本"的概念在他的头脑中并不清晰,但是这并不影响他做教学以及搞教学研究;第二种情况,教师听说过"校本",但是没有实践过"校本"。"我们学校的教研活动没有强调校本,因为教研活动它应该是在于更大的范围内的学习。现在校园环境比较闭塞,而且信息也少,校本的话,好像没怎么做过。我们的教研都是从外部获取最新的教学方面的思考,还有考试方面的信息。"(B-L-1)这位教师的回答也具有代表性,即校本并没有介入学校内部的教研活动;第三种情况,对教师对"校本"有一定了解,但是觉得学校校本过于形式化。"有很多东西它可能是虚设的,比如我们经常集体备课,名义上我们都有,但实际上我们从来不集体备课,最多就是大家坐在一起聊一聊教学进度,不仅我现在的学校,原来我在×××也待过,也没有真正落实这一块。"(Y-T-2)

制度上的弊端折损了校本教研的实践价值,同时也限制了教师对校本教研的自主性。有研究者表示,教师普遍不愿意参加教研活动,认为参加教研活动是浪费时间。学校教研工作仍然充斥着官僚思想,年轻教师虽然有干劲儿,但常常以缺乏经验在学校中被冷落。[①] 此外,教师群体对"何为校本教研"表示陌生,其中一部分教师首先想到的是校本课程并认为校本就是校本课程的简称,没有意识到校本教研的实际价值。尽管有经验的老师可以表现出对校本教研更深刻的理解,但是他们参与教研活动的积极性较低,他们认为即便不开展教研工作也不影响自己的教学工作,相反如果开展了教研工作会浪费更多的时间和精力。[②] 即便有处于教学领导者职位的老教师,也常常出现在其位不行其权的现象,有些教研活动的展开不是学校教学中亟须解决的问题而是为了完成上级的要求。[③] 由此可见,我国中小学教研现状不容乐观。教师教研意识缺乏、自主性低、教研内容的局限性、教研活动的形式化等等问题都将是校本教研需要正视的挑战。

(三) 教研组织的边界问题导致主体间沟通不畅

国外研究者曾经表示,"分布式领导不是民主领导的同义词,但民主领导为分布式领导奠定了基础,换言之,通过取消垄断领导力并潜在地增加组织内部影响力的来源,分布式领导在一定程度上扩大了组织成员的参与范围。"[④]然而,根据本书的部分调研结果显示,这种扁平化的结构在赋予教师

① 孙立柱. 高中教研组建设存在的问题及解决对策[D].内蒙古师范大学,2018.
② 任丽华. 校本教研的理论与实践[D].山东师范大学,2006.
③ 董美荣. 校本教研研究范式探析[D].南京师范大学,2012.
④ Maxcy, B. D. & Nguyen, T. S. S. "The politics of distributing leadership: reconsidering leadership in two Texas elementary schools"[J]. Educational Policy, 2006, 20(1): 180.

参与权的同时,也在实践中造成了一种形式化的表现。如有的教师表示,"如果上级来检查,我们能拿出来一套方案来呈现我们的集体备课、教职工代表大会、教师之间沟通的平台,但在学校中落实的却很有限。"(Y-T-1)反观这种情况,笔者发现,校本教研中的扁平化结构是根据学科、年级和任务等三大要素的标准进行划分的,其优点在于三者之间不存在权力制衡的影响,但同时也造成不同学科之间、不同年级之间的教师群体沟通契机的缺失。这种缺失主要表现在以下两方面。

一方面,学校领导与教师群体的公开沟通流于形式。分布式领导理论认为,教师领导力实现的前提条件之一是教师参与权的落实。但是,学校教学组织结构扁平化发展在搭建了教师参与平台的同时,在一定程度上架空了教师的参与权利。正如被访谈者所描述的那样,"有些事情,不是我们老师能左右的事,像学校的学习计划、时间表、学生活动这类事情都是教务处老师安排的,不用我操心,我也真没时间去参与这些事。而且学校一年会搞两次民意调查,但不是所有人都参加,一个学科出几个教师代表去参加,我不知道他们都讨论了什么,我不是教师代表,也没人问我的意见。"(H-T-1)从J教师的言谈中可以获知如下两方面信息。一方面,学校教学组织结构的确具备明显的分布式基础,突出的表现是分工细密,学校系统内的个体从事各自分内的工作,但也正是由于分工的独立性导致领域教师之间交流的断裂,这是分布式结构过度分工所产生的消极影响,但是实际上,无论工作职责划分的多么细密,只要它们共处一个教学系统,就在某种程度上具备相关性。另一方面,学校具有为教师赋权的意识,从一年两次的民意调查中可以看出,学校领导渴望听到教师的声音,这种"民意调查"在形式上看似符合规范,在结果中却收效甚微。民意调查是通过自下而上的方式以了解教师内心最真实的想法为目的的,但是 J 老师作为一线的普通教师,并没有成为学校民意调查的一部分。教师代表也没有通过有效的方式获取普通教师的想法,这样看来,甚至不必询问民意调查的结果,单从这一基本环节的疏漏就可窥见结果了。

另一方面,不同学科、年级以及承担不同任务的教师群体之间的私下沟通闭塞。这一问题是笔者在访谈中问到"您是否会受到比您资历低的年轻教师的影响"时发现的,这位到老师的回答是,"我不太了解新进来的老师,尤其是其他学科的就更不清楚了。因为我是班主任,所以我就和我们年级的几个班主任在一个办公室,其他语文老师就在语文组的办公室,我们就跟一个办公室的老师接触的比较多,别说其他学科的老师了,现在就连跟语文组的老师接触的机会都比较少了,即便是学校组织了大型的教研活动、讲座,老师们也都是扎堆坐着,跟自己熟悉的人交流,反正我就是觉得这种促进交流的方式意义不是很大。"(S-T-1)由此可知,受学科、任务分工的影响,不同教师群体之间的交流极为有限,教师既没有跨学科交流的欲望,也没有跨学科交流的需求,这严重的阻碍了教师获取新知、交流思想的上进心。因此,学校应该有意识在组织结构中设计跨部门以及跨学科的沟通渠道,建立相关活动促进学科内部、学科之间、年级之间以及教学与行政之间的沟通。

(四) 教研主体的"亚行政化"趋势

从学校层面上看,教研成员可以粗略被分为三类,分别是校长、教研组长、教师群体①。他们依次是教研制度的设计者、教研活动的引领者、教研活动的践行者。从教研组织实行之初，各层级之间负责人的安排是为了实现更好的教研效果，而且从结构上看亦符合以任务为主的扁平化结构，但是在落实过程中，这一专业组织难免出现与初衷相悖的行政化现象

首先，校长作为教研制度的顶层设计者是教研制度建设的第一负责人，理应对教研理念有着清晰认识。但是在校本教研的管理中，校长行政化的倾向较为明显，主要表现在校长对教研活动的过分干预与不肯放权等做法。这种情况所导致的结果是下级教研领导者的任务是上传下达、布置任务和回收成果。在学校中校长权力的集中化始于 20 世纪 80 年代的校长负责制，这一制度明确规定校长负责处理学校的日常教研活动并代表学校行使决策权、管理权、人事权等，即便大部分中小学均设有教职工代表大会实现对校长的监督，但是作用微乎其微。② 因此，校长负责制在无形中为校长对教研活动的干预奠定了"合法化"基础。

其次，教研组长作为教研活动的引领者，他们身兼数职，既从事教学研究、班级管理又承担"上传下达"的行政工作，在课程和教学领导上的投入较少。③ 有研究表示，我国中小学教研组对各种常规性的硬性任务都完成的比较好，教研组长的角色更多的是管理者而非有效的课程领导者。教研组织内部成员的关系上也呈现官僚化倾向，对教研组长这一职位的选拔标准通

---

① 在学校层面，与教研活动相关的主体除了校长、教研组长以及教师群体外，还有中层的教学领导者，但是本部分主要讨论教研各阶层主体的行政化趋势，因此首要选择具有代表性的主体。
② 龚跃华. 校本教研：教师专业发展的有效途径[D]. 湖南师范大学,2006.
③ 李叶峰. 教研组长课程领导角色的质性研究[D]. 西南大学,2010.

常是任教年龄较长、有一定资历且人际关系较好的老教师。[1] 从对领导者的选拔标准上，教研组织就已经失去了专业化意味。

最后，教师作为教研活动的实践主体，他们对教研活动的功利化需求较高。笔者在调研中发现，尤其是在课题研究的申报上，从教师的主观意愿上看，大部分教师并不擅长也不愿意做课题研究。倘若有教师积极申报了课题，在问到原因的时候，他们总会在后面跟一句"因为评职称的需要"，当然并不排除有教师是出于对教育教学以及研究兴趣的需求而从事课题研究，但是比例较少。与此相反的是，存在另外一部分教师群体，他们更愿意追求一种无所束缚的教学状态，有研究者调查曾经担任过教研组长的教师会出现两种思想倾向，一类是晋职为学校领导的教师，他们对教研组的满意度较高，因为这对于他们成为学校领导者起了奠基作用。另一类"隐退"教师，他们对领导职务看得较淡，他们更愿意追求一种轻松的专业教学状态。[2] 尽管隐退教师个人摆脱了行政化的束缚，但是仍然不能改变教研组的整体氛围。

二、东西方领导力思想聚合昭示出脱困的转机

分布式领导作为西方前瞻性的领导力理论成果为校本教研所面临的行政化处境提供了新的转机，但这种转机的出现并非"西药中用"，在对东西方领导力思想的溯源中，也不难找到它与我国传统道家思想的聚合点。

---

① 罗移山. 新课程背景下学校教研组转型建设研究[D]. 华中师范大学,2012.
② 陈素平. 基于团队运作模式的学校教研组织建设与探索[D]. 华东师范大学,2006.

（一）西方领导力理论：分布式领导的两个转向

领导力的早期定义受到伟人理论（The great man theory）的影响，经历了从校长领导力到教师领导力，从英雄式领导力到共享领导力，从领导特质学派到领导权变学派的转变，领导力理论在主体、内容以及学派等方面不断地调整以适应时势的变化。现如今共享领导、民主领导、变革型领导、分布式领导等创新型领导力搭上领导力理论的快车不断向前发展，其中分布式领导并非最新的理论成果，但却是对现实产生最大触动的一个。正如哈里斯（Harris）所说，"当前的领导力领域似乎被分布式领导占领。不管你持何种立场，分布式领导都是当今领导议题的核心。"[①]分布式领导之所以能从众多领导力理论中脱颖而出，主要是因为它里程碑式地实现了领导力内容与主体维度的两个转向。

1. 领导力内容：从"是什么"到"怎么做"的转向

早期传统的领导力研究聚焦于领导者素质、领导模式、领导者类型等固定性静态问题，专注于回答"是什么"的基本问题。

（1）简单问题之"是什么"

领导本身是一种联合的行为，领导者的首要任务是联合团队成员使其具有共同愿景以及统一向心力。此时，领导者的个人品质就会成为影响跟随者忠诚度的重要因素。根据美国教师联合会（The American Federation of

---

① Harris, A. Distributed leadership: Implications for the role of the principal [J]. Journal of Management Development, 2012, 31(1): 7-17.

Teachers)以及 20 世纪末 21 世纪初的一些研究成果综合得知,领导者的必备品质主要包括以下十种:影响力、同情心、实用主义、协作能力、人格魅力、社交驱动力、自信心、智力以及决策力。① 然而,领导品质的集合则称为构成不同领导风格的关键因素。粗略来看,共涉及四种领导者类型:务实的领导者(pragmatic leader)、真实领导者(authentic leadership)、仆人式领导(servant leadership)、道德领导力(ethical leadership)。此外,巴斯(Bass)在 2004年提出全方位领导模式,这是一种用个人素质来确定的特定的领导风格。他提到三种领导风格:自由放任型领导,交易型领导和变革型领导。每种风格都有不同的品质。例如变革型领导乐观地谈论未来,花时间进行教学和指导,表现出对变革型领导需要完成的事情的热情。交易型领导善于提倡用奖励来激励工作,比较关注违规和错误情况的发生,习惯于推迟对紧急问题的回应。一个人的领导风格不是某一个侧面决定的,而是由连续的个体行为决定的。②

　　无论是领导者的个人品质,抑或是领导者的类型,都是用来评估优秀领导者的效率变量。领导者必须具有影响力,而不仅仅是指挥和管理能力。影响力的发挥就涉及领导力实践,它始终处在一个动态发展的过程中,领导力是一种具备自我更新能力的新型理论,必然会随时代发展转型。通过罗斯特(Rost)在 1991 年总结的领导力定义的历史可知,领导力理论几

---

① Kirkpatick, S. A. & Locke, E. A. Leadership: do traits matter? [J]. Academy of Management Perspectives, 1991, 5(2): 55.

② Bass, B. M. Two decades of research and development in transformational leadership [J]. European Journal of Work and Organizational Psychology, 1998, 8(1): 9 – 32.

乎每十年都要发生变化。其中,变革型领导渐微式地渗透着领导力理论从"是什么"到"怎么做"转向,到分布式领导时期这种转向趋于成熟和稳定。

（2）复杂问题之"怎么做"

罗斯特(Rost)在1991年总结了美国领导力定义的历史。20世纪20年代,领导力一词几乎可以与管理一词互换,强调控制和效率;20世纪30年代,提出了一个领导者与一群追随者合作的想法,核心是领导者的既得利益;20世纪40年代,对追随者控制概念弱化,并提出了领导者在团体环境中与他人合作的观点;20世纪50年代,将领导力定义为领导者和追随者共同目标之间的影响关系;20世纪60年代,领导被视为领导者指导和协调追随者工作的行为;20世纪70年代,领导作为管理层的想法浮出水面。在此期间,领导行为通过维持工作来实现组织目标;20世纪70年代末,Bums对变革型领导的定义开始动摇传统领导者的概念。①

领导理论的转变始于变革性领导理论,但是同一时期出现的还有交易型领导理论。布姆斯(Bums)将交易型领导与变革型领导区分开来,在交易型领导中,交易双方特别清楚各自目的并通过互动来实现其目的,在完成交易目的之后,人们就不会再次互动。在变革型领导中,领导者和追随者是基于道德、价值观和动机而联系在一起。"领导力与追随者的需求和目标密不可分,领导者与追随者关系的本质是具有不同动机水平和潜力的人的相互

---

① Rost, J. C. (1991). Leadership for the twenty-first century[M]. Westport, CT: Praeger Publishers. 1991:36 – 25

作用。"①因此,在变革型领导中,领导者和追随者不仅不会分道扬镳,而且是在不断改进自己的同时努力实现共同目标,这是领导力理论中领导者与跟随者的状态由孤立走向协同的开端。

还有研究者认为,从上世纪 70 年代至今,西方教育领导领域的研究热题被教学领导(instructional leadership)和转变型领导(transformational leadership)所占据,两者在研究数量上占据了统治性地位。② 然而,近十年来,当研究者们在实践中继续向校长们描述成功领导者的特点及其行为特征时,校长的反馈是:"我知道这些,请告诉我如何做!"③这是斯皮兰面临的真实的尴尬境地。这说明仅仅告诉实践者们高效的领导者应该具备什么样(what)的特质,已经很难回应教育者的实践需求。教育领导的研究越来越关注如何(how)践行领导力的问题,因此,分布式领导呼之欲出。

分布式领导是一个非常"流行"的概念,与教育研究者、政策制定者和领导力从业者一样。人们普遍对"分布式领导"这一概念感兴趣,但对分布式领导的真正价值并不清晰。④ 对这一问题需要回归到分布式领导在领导力理论的历史轨迹中回答,从纵向视角看待分布式领导在领导力转型中的重要性,从横向视角剖析分布式领导是如何实现领导力理论由"what"到

---

① Robinson, V. M. J. & Lloyd, C. A. & Rowe, K. J. The impact of leadership on student outcomes: An analysis of the differential effects of leadership types [J]. Educational Administration Quarterly, 2008, 44(5): 635.

② Robinson, V. M. J. & Lloyd, C. A. & Rowe, K. J. The impact of leadership on student outcomes: An analysis of the differential effects of leadership types [J]. Educational Administration Quarterly, 2008, 44(5): 635.

③ Spillane, J. P. Distributed leadership [M]. San Francisco: Jossey-Bass, 2006: 7.

④ Hammersley-Fletcher, L. & Brundrett, M. Leaders on leadership: The impressions of primary school headteachers and subject leaders [J]. School Leadership and Management, 2005, 25(1): 59 – 75.

"how"的转向的。

一方面,从分布式领导的构成要素来看,领导者－跟随者－情境,这并非是一个概念式的构成,每一个因素都具有变动性。在变动中,并不过分强调领导者与跟随者作为主体应该具备的个人品质与能力,而是更强调二者在情境中的协作关系。另外一方面,从分布式领导的提倡理念上看,有三个要点,一是强调领导力的获得不可能一次完成,而是在循环往复的领导力实践中实现。二是强调领导者与跟随者的关系的非固定性。这体现在影响力的双向流向,不仅领导者可以影响跟随者,跟随者也可以影响领导者。三是分配的前提是赋权,在把"权"赋给教师的同时,提倡作为领导者的校长逐渐把自己从系统中淡化,淡化为"影子校长"。因此,从构成要素到提倡理念,分布式领导无不在告诉实践中的主体应该如何实践分布式领导的问题,这种转向开启了领导力理论的新篇章。

2. 领导力主体:从英雄到群体的转向

从英雄到群体的转向是分布式领导在主体方面的另一大转向。近三十年的研究结果表明,在分布式领导出现之前的二十几年的时间里,英雄领袖的热潮占有主导话语权,由此也形成了 20 世纪 80 年代布莱恩(Breman)主张的"新"领导者远见卓识与超凡魅力的核心动力。出于这个原因,与过时的古老领导者的荣耀原型相比,这时的英雄领导者呈现一种异常的发展(aberrant development)而不是分布式发展的态势。[1]

---

[1]　Clegg R S, Hardy C, Nord R W. Handbook of Organisation Studies[J]. Journal of the Operational Research Society, 1997, 48(9):962－962.

（1）英雄主义领导——"0"前面的"1"独霸

英雄主义领导者刺激了领导力理论的开端。托马斯卡莱尔（Thomas Carlyle）的"伟人理论"表明领导者是天生的，只有拥有英雄气质的男人才能成为领袖。西方辞典将英雄定义为"一个尊贵的、无畏的男人（或女人）"和"任何在显著行动中的中心人物"。吉布斯（Gibbons）指出，在他们的历史后期，希腊人将英雄一词归于人类，这是关于亚历山大大帝的一个典型例子。虽然英雄一词在历史上一直是战士的同义词，但它现在已经具有了新的内涵，非凡的成就不再局限于战斗中的英勇战士。

英雄领袖主义认为跟随者就是一连串的"0"，领导者就是"0"前面的"1"，没有这个"1"后面无论有多少"0"都毫无意义。领导力的常见概念通常集中在英雄领袖的行为上。英雄主义领导过于强调领导过程中单一英雄人物的重要性，这个人总是知道该做什么并且部门或组织的命运都依托在他（她）手中。[①] 英雄领袖通常被视为一个独特的人物，他（她）具有独立思想、拥有一定成就，并在未来会取得巨大成功特别是在面对重大考验时。这些概念大多数源于美国的理论，美国的概念化英雄领导似乎是西方最受青睐的。[②]

人们崇尚英雄主义领导者，是因为他们改变了人们看到、听到、感受到的生活方式，他们让世界变得更美好。斯温多（Swindoll）多年来一直受困于

---

① Nirenberg, J. Leadership: A practitioner's perspective on the literature [J]. Singapore Management Review, 2001, 23(1): 1-34.

② Jones, M. L. Management development: an African focus [J]. International Studies of Management & Organization, 1989, 19(1): 74-90.

"英雄的匮乏"。他发现,将某人称为英雄的想法似乎在一种由丑闻占主导地位的文化中引发人们的反感,这些丑闻凸显了这些名人中最微不足道的缺陷。即使面对这种相互冲突的情绪,理论仍在继续发展,这使得领导者需要超出常人的"英勇"。斯温多指出,即使面对一个不完美的人,我们的心灵也渴望被日常生活中伟大人物的例子所吸引。① 早期的英雄主义对领导力理论的发展做出了不可磨灭的贡献,但是渐渐地趋于极端化发展。例如吉布斯(Gibbons)表示他无法想象一个没有英雄,没有天才和贵族的世界,没有崇高的理想,没有高度的目标和超然的勇气,没有冒险和痛苦的世界会是什么样。如果没有英雄,世界将变得沉闷和灰暗,没有人能激励人类前行。②

英雄领导模式往往会扭曲对领导力的理解,因为它将领导力描绘成金字塔形状,分为顶层领导者和底部跟随者这两个泾渭分明的群体。在过去几十年里,绝大多数西方领导者采用的是英雄主义领导模式,例如变革型领导和魅力型领导都发生于这一时期,这些模型中的每一个理论都高度重视领导者的个人行为。他们认为即便团队处于困难的处境,领导者总是知道该怎么做,总是具有战胜困难的勇气,总是能够带领大家在逆境中取胜。在教育领域中,英雄主义领导者通常在领导实践上花很少的精力,他们把精力放在功能、结构、惯例以及角色上,他们聚焦于"什么是领导力"而不是"如何做领导力",英雄主义领导者把领导力主要定义在结果方面。当领导力实践被推上工作日程的时候,它通常被描述成一种领导者个人的行为,甚至伟

---

① Swindoll, C. R. Great Lives: Job: A Man of Heroic Endurance[M]. Thomas Nelson. 2009: xi.

② Gibbon, P. H. A call to heroism: Renewing America's vision of greatness[M]. Grove/Atlantic, Inc. 2007: 84.

大谋略。从这个角度上看,该组织所享有的任何成功都归功于个人。受这种极端思想的影响,英雄领导的想法逐渐受到更具"参与性"的领导风格的挑战,一种更加贴近于追随者风格的领导力理论随之产生。①

(2) 分布式领导——"1"后面的"0"崛起

格荣(Gronn)在《分布式领导的未来》中表示分布式领导的出现是对英雄主义领导理论的回应。② 这种回应就是用作为群体的跟随者地位的崛起来实现的,尽管在这之前,我们也曾提倡"教师领导",以此刺激金字塔底层跟随者自我意识的觉醒。然而,分布式领导与教师领导对于跟随者观点的不同之处在于,分布式领导没有孤立的强调跟随者地位的提升,而是在去行政化的关系场域中实现跟随者地位的变化。

教师作为跟随者地位崛起的程度取决于他们在领导力实践中的赋权程度。在 20 世纪 70 年代,斯娃(Silva, D.)等人提出了教师领导力发展的四个阶段,这四个阶段可以被视为从缺乏教师领导到个人赋权再到集体赋权的过程。③

第一阶段:受英雄主义领袖领导者蓬勃发展的影响,这一阶段的教师无领导力可言,教师在课堂之外是缺乏领导力的,校长对学校大小事务及所有决策负责并拥有绝对的权力。

---

① Yukl,G. Leadership in organizations (5th ed.). Upper Saddle River[M]. NJ:Prentice Hall. 2002:134 - 151

② Gronn,Peter. The future of distributed leadership[J]. Journal of Educational Administration, 2008,46(2):141 - 158.

③ Silva,D. Y. ,Gimbert,B. ,&Nolan,J. Sliding the doors:Locking and unlocking possibilities for teacher leadership[J]. Teachers college record,2000,102(4):779 - 804.

　　第二阶段：教师的角色更倾向于管理者，诸如系主任等领导者职位，这一阶段角色的设计有助于提高组织效率。在此期间教师领导力角色聚焦在扩大教师的领导责任。[①]

　　第三阶段：教师的角色转向教学领导者，包括普通教师、导师教师，教师领导的角色有助于促进教学的提升以及学生学习。

　　第四阶段：是从个人赋权到集体赋权的转变。当所有的教师都有权参加领导活动时，一个领导团队就开始建立了。在这个阶段，领导力被认为是所有教师的核心要素。[②] 换言之，第二、三阶段远离传统领导力模型，但是仍然保留着学校的层级结构，直到第四阶段的出现，才打破了传统领导力的层级结构，逐渐走向一种混合式的教学领导结构。

　　领导主体的转向不是孤立的，而是在与领导者的张力关系中，实现跟随者地位的提升。鉴于分布式领导与作为权力、影响力、集体决策和授权的长期组织现象之间密切的概念联系，分布式领导的支持者们所看重的一个关键问题是这种思想通过价值增加的方式有助于揭示英雄式领导所固有的局限性。从表面上看，尽管当前的研究表现出对分布式领导的兴趣，但组织层面遵循分布式领导的说法并不显著。从某种程度上说，当该领域的学者赋予"领导力分配"的合法性时，他们真正做的不仅仅是追赶与权力和影响力

---

　　① Smylie, M., Conley, S., &Marks, H. Reshaping leadership in action. In J. Murphy (Ed.), The educational leadership challenge: Redefining leadership for the 21st century (101st yearbook of the National Society for the Study of Education, Part I) [M]. Chicago: National Society for the Study of Education, 2002:238-249.

　　② Crowther, F., Ferguson, M., &Hann, L. Developing teacher leaders: How teacher leadership enhances school success (2nd ed.) [M]. Thousand Oaks, CA: Corwin Press &National Association of Secondary School Principals, 2009:136.

相关概念的先行发展,因为诸如"权力分配"和"影响力分配"这样的表达被社会学家、政治家、科学家们认为是经过周密排练的分析范畴。① 在某种意义上说,这些研究并未取得真正的成果,但是至少他们提出了"从何而来"的起点式问题。正如哈特利(Hartley)所说的那样,许多学者的工作与分布式领导密切相关,对分布式领导来讲,最重要的一点就是转变方向。②

(二) 东方领导力思想:从"太上,不知有之"说起

从人类文明的角度看,中国的儒道法思想蕴藏着宇宙间最精妙的领导智慧。儒家领导力讲究"修、齐、治、平",从"小我"到"大我"的渐进过程;法家领导力讲究"法、势、术"的谋略;道家领导力讲究"无为而治"的领导境界。"圣人"和"君子"是古代领导思想对领导者的尊称,"道大,天大,地大,人亦大",《道德经》表示在宇宙四大之中,人居其一,天有天的运行法则,地有地的运行法则,而人的运行法则则是效法天地。对个人来讲,无论是齐家、治国、还是平天下,领导力运行的法则并无差别。中国传统文化中的儒家之道、兵法思想是领导力理论的思想源泉,这一点从领导谋略到领导智慧都有尽致的体现。对此,本书仅从两点(领导境界与精神长相)来映射东方经典与西方分布式领导的照相呼应,进而充盈本书分布式领导的思想内涵。

"不知有之":分布式领导的最高境界

---

① Gronn, P. Distributing and intensifying school leadership. In Bennett, N. and Anderson, L. (Eds), Rethinking Educational Leadership: Challenging the Conventions[M]. London: Sage, 2003:60 – 62.

② Hartley, D. The emergence of distributed leadership: why now? [J]. British Journal of Educational Studies,2007,55(2):202 – 14.

老子说"太上,不知有之,其次,亲而誉之,其次,畏之,其次侮之"。这里提出的是一种整体性、分布化的领导思想。与传统的领导力理论不同,老子的领导者理论具有前瞻性,他并不主张把领导者推到舞台中央、聚光灯之下,使其成为焦点。无为而治让老子的领导思想与西方的分布式理论不谋而合。

第一境界"不知有之"。最好的领导者,尽管领导者就在团队之中,也没有人感受到他的存在,他在被视为同伴、跟随者与大家其乐融融地相处的过程中发挥着隐性领导力。现如今倡导的"影子领导"的思想源泉正是由此而来。领导者将领导与管理甚至管制区别开来,他从不通过强制的方式来实现团队的发展,而是通过价值观、文化理念的浸润来实现对团队成员的领导。在这种境界中,领导者虽则有形,却不被发现,影响力虽则无形,却无处不在。这种领导者是通过"道"来领导,即便某一天该领导者离开,也不会影响团队的运转,因为领导者的理念已经内化为组织成员的理念并转化为他们无意识的自觉行为。

第二境界"亲而誉之"。这类领导者类似今天所提倡的魅力型领导,具备超凡的人格魅力、出众的管理能力。即便什么都不做,也会受到跟随者的支持和赞美,是别人仰慕和效仿的榜样。这种领导者在日常生活中属于优秀领导者,并占有一定比例,但是老子并不认为这是领导者的最高境界。原因在于,这种领导者是通过"人"领导,领导者的"形"体现在个人魅力与能力上,魅力不可复制,而组织的发展往往又依赖于领导者本身的领导。因此,这样的领导者一旦离开,会使团队出现巨大的震荡并造成损失。

第三境界"畏之"。这类领导者类似于今天所说的权威型领导。权力、控制、强制这样的字眼不断在这类领导者身上体现,他们主要依靠强制手段实现对组织成员的驱动和控制,团队中的氛围往往是凝固的,成员的行为往往是被动的,工作积极性与热情度不高,这样的团队发展即便发展到最高水平也难以持续下去。

第四境界"悔之"。这类领导者并不具备足够的领导能力且其个人素质与涵养的低略导致自己在团队中没有威信,经常会引起追随者的诟病和厌烦。团队成员并不喜欢该领导只是被迫因求生而存留。在这种情况下,成员非但谈不上创造价值,连正常发展都举步维艰。

老子之言辞微而旨博,清晰地展示了领导者的不同境界。令人惊奇的是,5000 年前的东方思想却与现如今的西方领导理论呈现一定程度上的共通性。分布式领导所追求的就是"不知有知"的境界,即领导者即便离开也不会影响团队运转的状态。最好的领导是一种无形的存在,非但从不居功自傲,而且主动地将荣耀归于团队成员。他们视自己为团队的仆人,视成员为团队的主人,他们的形象在价值与愿景的浸润中树立起来,并且回环往复地释放其独特的影响力。

"和光同尘":分布式领导者的精神长相

与已有研究探讨的领导品质不同,精神长相是一种经过积累而沉淀下的内化的气质和胸怀。精神无形,长相有形。精神长相是一种通过心灵感受来触摸的内在力量。领导品质可以被效仿,领导技能可以在短时间内被掌握,但如何拥有领导者的精神长相却是不可言说的秘密。因为老子认为真正的"道"是无状之体、无物之象,而精神长相只能依靠领导者的体悟来获得。"挫其锐,解其纷,和其光,同其尘,是谓玄同"这是老子在《道德经》第五十六章中提到的关于一个精湛的君子领袖的形象。然而,穿越了5000年的文明历史,横跨了太平洋,作为西方现代领导力理论的分布式领导与东方传统文化中所描述的君子形象却十分相似。时间的交叉,空间的跨越并没有阻碍二者的相遇,具体表现在以下几个方面。

"挫其锐",作为领导者首先要锉掉自己的光芒,不因高人一等而颐指气使。分布式领导的理念之一就是领导者与跟随者并无等级差别,他们在影响力上实现平等的双向互动。为了实现这一理念,分布式领导者首先需要做到的就是在思想上去掉领导者的身份、头衔、成就等一系列光环的禁锢。

"解其纷"主要指两方面:一是领导者要化解纷扰自我思想的念头,二是领导者需要化解组织内人事纷争。对分布式领导者而言,最难处理的莫过于组织内部"人与人"之间的关系,因为领导力的赋权与分布不是一蹴而就、千篇一律的,因此人事关系的变动和纷争将会是分布式领导者面对的最棘手的问题。然而,强制的管束已然不是分布式领导所倡导的理念,柔和地化解纷争、不动声色地解决问题是老子之道,也是分布式领导所倡导的领导智慧。

"和其光","光"是象征着光明美好的事物,"和"的使命就是让自己像光一样拥有闪耀的智慧和才能。收敛光耀并不代表没有自我,落入俗套,这一点看似与"挫其锐"有些相似,但其精髓之处在于"君子和而不同,小人同而不和"。在"和"中也存有自己的特色。老子在第五十八章说圣人是"光而不耀"的,也有此意。对分布式领导者而言,有才能但不显露是一个极其重要的品质,因为"和"的不仅是自己的"光"更是不同跟随者的"光",这是加强组织向心力、让跟随者与之荣辱与共的大智慧。

"同其尘","尘"象征着卑微的事物,"同"的目的就是要让领导者如尘埃般微小而又不引人注意。这似乎又与上句同义,但是若将"和其光"与"同其尘"对应着看可以领略老子之道的精妙之处,"光"是明的外部彰显,"尘"是土的升腾状态。但"光"与"尘"所象征的是两个完全相反的事物:一个正大光明,一个矮小卑微。但老子偏偏却说"和"的是"光","同"的是"尘",这就是在告诉领导者,面对"光","融入"不代表丢失自己的特点,遇到"尘",就要把自我淡出组织之外,皈依于"尘",实现与"尘"的同一。

以上都是领导者对自我的要求,如若实现这些要求,那么便达到一种"玄同"的状态。"是谓玄同"这超出了日常意识的维度、万物的同一性。分布式领导由此挖掘到的核心要义就是这种同一的状态。在其他领导力理论强调领导者角色重要性和不可替代性的时候,分布式领导者已然打破了这种权威性与唯一性,"同一性"消融了领导者与跟随者的界限。领导者可以是跟随者,跟随者也可以是领导者,彼此靠向心力吸引着,靠影响力引导着。这就是"道"的力量,"道"至小又至大,至柔又至强,它仿佛不存在,但又是万物本源。分布式领导理论的重要贡献之一就在于,对领导者自身实现了从"锋芒毕露"到"和光同尘"渐变。

三、交汇之处的疑问:分布式领导的教育学意味

无论是东方传统的领导力思想还是西方现代的领导力理论,领导力本

身是从管理学角度提出的概念,它如何分析和解决校本教研所面临的行政化困境? 如何应对"水土不服"的风险? 解开这些疑问的前提是要找到分布式领导在中国自然生长的根基与落脚点,为了更清楚的回答这些前设困惑,首先需要回答两个根本性问题,一是分布式领导为何在教育领域迅速崛起? 二是分布式领导可以为学校教育提供什么?

（一）分布式领导为何成为当前教育领导领域关注的焦点

哈特利(D. Hartley)在《教育中分布式领导的出现:为何是现在?》一文中表达了分布式领导是当今教育领域的研究焦点,这一领导力领域的新生儿,正在引起越来越多人的关注。但是在研究初期如果用实证的方式来证明它为何能成为教育领域的焦点是一件很困难的事。因此,哈特利通过对当时社会大背景的分析,从政策、文化、学校自身的角度分析了分布式领导在教育领域迅速崛起的原因。在政策上,如前文所述,英雄主义领导者面临着转型危机,转变型领导的发展也不近人意,但当时的学校领导力的发展面临着现代化需要的复杂任务,一个在政策上的关键点是当时的政府在政策上提倡的是不断分散等级关系的固定性,强调不同专业团体之间的合作,这对分布式领导的出现是一个利好的趋势;在文化上,受当时文化迁移运动的影响,权威式领导所带来的强硬式、固定化管理结构开始软化,管理领域正在朝分布式、流动化的管理结构方向迁移;从学校因素上说,受现代化理念的影响,传统学校"灌输式"的教学已经不能满足学校的需要,学生在学习中的交互行为得到提倡,教师在教学中的领导地位得到重视,这些都构成了分布式领导在学校发展的必要条件。①

　　学校领导力的演变与世界范围内不断掀起的教育变革交织在一起,使得越来越多的领导方法关注合作、共享、协作、赋权以求共同领导。哈里斯(Harris)认为,教师领导力经常集中在减少一个领导的需求的同时,增加一个机构中其他成员的贡献需求。研究表明,教师领导力强调赋权(empowerment),尝试实现从等级分配到同级控制是分布式领导呼之欲出的重要原因。② 此外,分布式领导在学校教育出现的阶段,就是以分布式取代英雄式领导的阶段,也被认为是希望再培养的阶段。分布式领导的出现非常符合时代的标志,这种松散的隶属关系的短暂性,呼吁新的组织形式的出现,但不可否认的是问责的等级制度在分布式领导实践中仍然存在。

(二) 对学校教育而言,它是处方还是视角

　　当许多教育者把分布式领导作为学校发展中包治百病(Cure-all)的良药时,斯皮兰(Spillane)的回应是"分布式领导既不是一个有效领导力的蓝图,也不是学校领导力实践的处方,而只是思考学校领导力的一种视角。"③

　　那么,在学校教育中运用分布的视角意味着什么呢? 一方面,分布式视角是关于领导力实践的。这个实践是由一种特殊的方式形成,即分布式领导是学校领导者与跟随者以及环境(工具或惯例)联合互动的产物。分布式

---

　　① Hartley,D. The emergence of distributed leadership in education: Why now? [J]. British Journal of Educational Studies,2007,55(2):202－214.

　　② Harris,A.,Leithwood,K.,Day,C.,Sammons,P.,&Hopkins,D. Distributed leadership and organizational change: Reviewing the evidence[J]. Journal of educational change,2007,8(4): 337－347.

　　③ Spillane,J. P. Distributed leadership [J]. The Educational Forum,2005,69(2):149.

视角的贡献在于把领导力的焦点从正式的领导者身上转移到互动中给予他们实践的领导者、跟随者以及环境中去了。① 另一方面,分布式视角打破了把领导力理论视为无所不能的完美主义情结。将领导力理论作用于学校教育,分布式领导不是首例,但是打破领导力的神话地位一事,分布式领导做出不可磨灭的贡献。沿袭传统观点,分布式领导依旧被看作是包治百病的,但是斯皮兰表示,分布式领导应该以一种更彻底的方式在学校层面执行。在一切活动开始之前,首先弄清楚分布式领导对学校教育究竟意味着什么? 它只是领导行为开始之前思考领导力的镜片。由此,便可以明确地泼给那些急于求成的投机者一盆冷水:分布式领导不是实现学校高效运转的蓝图,而仅是一种把领导力落实到学校层面的转换视角。这种视角的功用在于它既是思考和分析学校领导力的思想框架,同时也是测量学校领导力的诊断仪器。

1. 分布式视角是思考领导力最好的思想框架

分布式视角可以被视为行动前的思想框架,在领导力实践中起着中枢神经的作用,实践中的每一个指令都由此发出。在这个思想框架下,学校的领导实践可以被重新配置和重新定义。② 此外,当研究者对领导力展开调查的时候,依据这个框架他们会知道他们应该关注什么。例如,跟随者是如何实现这种实践的? 情境互动框架是如何构成领导者之间、领导者与跟随者

---

① Spillane,J. P. Distributed leadership[M]. San Francisco:Jossey-Bass,2006:3.

② Harris,A. Distributed leadership and school improvement:leading or misleading? [J]. Educational Management Administration &Leadership,2004,32(1):11-24.

之间的互动的?① 在分析领导力的联合实践中务必要考虑到影响与动机的维度,因为依据与之联合实践的合作者不同,个人的努力程度可能会不同。例如,当他们与一些同事合作的时候,他们可能更容易全力以赴,但是如果换做是其他成员,他们的努力程度可能会有所削减。此外,要尤其关注跟随者对学校惯例活动参与的角色与频率,这一点有助于理解跟随者如何在领导力实践中做出贡献。

2. 分布式视角是分析领导力最有力的诊断仪器

分布式视角把实践者和干预者的注意力都放到了学校领导力的维度,帮助实践者以一种全新的方式完成他们的工作。作为一个诊断仪器,分布式视角开始用"领导者+"的理念促使并提示研究者去调查学校领导规程以及运行结构。由此可能会涉及一些问题包括,学校的行政章程中会纳入哪些活动和任务?谁对这些任务负责?在完成这些任务时会用到哪些工具?领导者在设计这些规程时要实现的组织目标是什么?

然而,在这个过程中,领导力实践最大的担忧是"教与学"的问题。因此,在设计学校章程时就需要考虑到如何与教和学相关联。这种连接可以是直接的,也可以是间接的,例如可以利用早餐俱乐部形式,利用最宝贵也最放松的时间进行"精神早餐"。这种活动一旦被设定在学校的活动章程中就会成为一种有效的链接直接为教师教提供学习和讨论的机会,因此学校的活动章程应该以建立以教与学为中心的专业性社区为宗旨。②

① Spillane J. P. Distributed leadership[M]. San Francisco:Jossey-Bass,2006:92.
② Spillane J. P. Distributed leadership[M]. San Francisco:Jossey-Bass,2006:90.

　　如何实现领导力实践与教学实践的关联是十分必要的。领导力实践与教学实践的关系根据学科领域的不同是有很大的差别的,所以在学校的日常工作的制定上,任何朝二者的关系上的努力都是有价值的。因此,分布式领导可以被视为思考教学领导力的思想框架,也可以被视为诊断领导力实践的有力工具,但却不是包治百病的神药。①

---

　　①　Spillane J. P. Distributed leadership[M]. San Francisco:Jossey-Bass,2006:10.

第三章 分布式领导：一种解困的可能视角

分布式领导东西方理论的溯源以及其聚合教育学意味的共同指向表明，这一领导理论对我国教育领域的指导是有本土化根基的。本章从其要素构成、理念倡导以及组织结构等方面展开并直指分布式领导的内部结构，着力论述其与校本教研的共同基础，并论述其为校本教研的行政化样态及解困视角的可能性与合理性。

一、分布式领导与校本教研在主体要素上的适切性

我国的校本教研本身就具有扁平化的基础，这是一种未经安排的耦合。它为分布式领导指导校本教研提供了依据，同时也为校本教研的实践困境提供了路径和方向。因此，从分布式领导的理论视角来分析校本教研的对应要素是十分必要的。要素的相似性是分布式领导与校本教研适切的基础，它是构成分布式领导可以指导校本教研的前提条件。

（一）领导者与教学领导者

领导者是分布式领导中较为特殊的角色。一直以来领导力理论都是围绕着团队中的领导者展开的。而分布式领导则实现了理论关注点领导者到

跟随者的转型。从总体上看,分布式领导强调重心下移,但是这并不代表领导者在这个过程中处于无关紧要的位置。领导者在分布式领导中的特殊性体现在行政地位的消减以及对跟随者影响方式的转变。与此相对应,在校本教研中,领导者是以正校长为中心的教学领导者,其中包括,正校长、教学副校长、教研组长以及师徒结对中的师傅。换言之,由于教师是校本教研的中心,所以在校本教研的组织成员中,那些从各个方面给予教师专业发展空间的个体成员,均被视为领导者,但是各自所承担的角色以及对跟随者的影响大有不同,正是在这种不同中可以窥见与分布式领导者的相似之处,具体表现在以下三方面。

首先,关于校长的角色。分布式领导提倡将领导者的自我意识退出系统,校长是名正言顺的"大领导",本应在教研系统中承担构建的责任,但是由于教研系统是学校教学传统中长久存在的,校长在教研系统构建方面所发挥的作用容易被隐藏,以至于很多教师认为教研是教师的事情。这种反馈,从表面上看,是对校长教学领导工作的否定,但实际上在另外一方面却反映了校长作为领导者的领导智慧,即便校长不进行行政干预的情况下,也能让教研活动有条不紊的进行,他们最大限度地减少对教师专业发展的干扰,通过以身示范发挥自己的影响力。例如,教师对学校新推出的讲座有排斥心理的时候,C校长没有实行行政施压,他的所思所想是这样的,

教师的影响力就是来源于自己的教学得到学生的认可,无论在哪个学校都有这样的老师,有的班主任带得特别好的,有的课上得特别好的。去年我刚上任的时候,推行了一个专题讲座,刚开始根本没几个人讲,有的认为自己水平不行,有的人根本就不理睬。后来,我自己首先开盘讲,让有兴趣

的老师来听，听完之后大家交流，这样几轮下来之后，就发现其他老师也逐渐开始报名专题讲座了。（Q-H-1）

校长以身示范，用自我言行而非行政压力来影响教师，这正是分布式领导所提倡的软影响力。其次，关于教研组长的角色，从名称上看，教研组长是教研活动的领导者，但是在调研中，无论是普通教师，还是教研组长本人都不认为教研组长是领导。其原因在于教师眼中的领导者是带有行政官职和承担管理任务并有领导"架子"的个体，而教研组长不具备上述特点。教研组长更像是专业上的领头羊，提供专业上的指导，并组织大家进行集体教研活动。他们之间的关系不是跟从与领导，管制与被管制关系，而是一种和谐的组内关系。分布式领导理论认为，领导者与跟随者实现有效交流的前提是领导身份的消隐，而非跟随者领导意识的上升。再次，关于师傅的角色，师傅的角色有时与教研组长的角色重合，师傅作为教师成长中的重要他人是最符合分布式领导理论的引导者，师傅与初任教师的一切交流都以实践为中心，反复进行"听课－说课－上课"的环节，"上课－修改"，"再上课－再修改"，初任教师往往就是在循环往复的实践中获得成长的。

（二）跟随者与教师

从字面意思上来看，跟随者与领导者的这种表述在地位上就有悬殊的差别，这似乎与分布式领导的理念倡导相悖。但是斯皮兰曾说明过使用"跟随者"这个术语只是希望区分领导者的角色与受领导者影响的角色，它不具备任何等级色彩。相反，分布式视角不仅要承认跟随者实践的中心地位，而且要给跟随者投射一缕阳光，赋予其信心和力量。这样领导力实践就不仅仅是把一些已经准备好的事情分配给跟随者,而是跟随者在与领导者和环境的交互中为领导力实践贡献力量。在校本教研中,教师正是分布式领导所提倡的跟随者。教学研究是教师的天地,相比于学校其他活动而言,教师在教学研究中应享有更大的发言权,以下两位被访谈者这样表述他们的感受。

与学校其他的活动相比,老师在教研活动当中它有更大的发言权,因为老师是跟学生去直接接触的,所以老师的发言很有影响的。(D-L-1)

我记得应该是在 2012 年冬季的时候,我们参与的课题在重庆,我申请参加了一个公开课的活动,我们当时的领导就非常痛快,答应的非常痛快,你去所有的费用学校报销。然后我回来报销的时候,他还说够不够,不用花你自己钱。我听了之后感觉特别温暖,特别感动。(Q-L-1)

学校对教师的重视不是单方面的,它取决于教师专业领导意识的提升,教师地位的提升需要将教师作为领导者落实到实践中,这将会改变及学校领导实践的生态系统。哈里斯说"教师领导力是一种可以在组织内部或跨组织之间广泛分享和分布的代理形式(A form of agency),从而直接地挑战了更常规的领导实践形式,不管我们将其称为分布式领导,协作领导力或是共享领导力,最终的目的都是鼓励每个教师和学生在学校中称为领导者。"①这是分布式领导为那些具有专业追求的教师所提供的最终目标。

---

① Harris, A. Teacher leadership as distributed leadership: Heresy, fantasy or possibility? [J]. School Leadership &Management, 2003, 23.

（三）情境与校本

情境(situation)对于领导力实践是极其重要的。确切地讲,"情境"构成并定义了领导力实践与领导者以及追随者的交互关系(interactions)。[①]在这个互动的三角形中,领导者并非仅仅只与跟随者工作,那个让二者交融的点就是情境。而所谓"校本"就是为了解决个性化的东西,它满足了个性化需求,而这恰好是它区别于传统教研的显著特征。个性化情境的场域就是学校,因此有人提出校本教研"基于学校"、"在学校"和"为了学校"的理念,作为教研的主体,教师的一切实践都是以学校发展为中心,以教师的领导为载体,以学生的成长为目的的。斯皮兰所提倡的情境的特殊之处在于除了有对场域的强调之外,他还强调这种情境所指代的具体内容:惯例(routine)和工具(tool)。

关于对情境中"惯例"的理解,即指学校的常规安排,校本教研是教师专业发展的日常方式,是一种秩序性的活动,学校有明确的章程来规定教研活动开展的进程、方式以及频率,这一直被视为保证学校教学生活正常进行的一部分,具有重复性和相互依存性两个特点。如下两段访谈的节选分别表现了如何在区级层面落实教学常规以及校长视角的教学常规样态。

教研活动是分层级的,学校内部我们有必要遵守的规定:从地区来看的话就是市一级的、区一级的教研活动,例如在展开区级教研活动的时候,就会涉及老师排课的问题,假如说同事都是教一个学科的,它就会要求各个区

---

① Spillane,J. P. Distributed leadership[J]. The Educational Forum,2005,69(2):145.

县在比如说周三下午安排区级教研活动,所以这个区的各个学校,周三下午这学科的老师都不可以排课,就是法定的参加市一级的和区一级的这样活动的时间。(B-L-2)

我们学校的教研活动,不仅仅是日常的对课堂教学的探讨,也会定期的安排老师外出学习,老师们的积极性都很高,尤其是年轻老师,但是也有人出去是以玩为目的的,这样既没有达到目的,也花了浪费了学校的资源。所以为了防止他们偷懒,从前年开始,在外出学习之前,我就定下章程,每一个教师或每一个学科代表在外出学习之后,需要回来做公开课展示,不仅是你学到了什么,更是如何把你学到的东西用到课堂教学上。(Q-P-2)

对学校而言,"最大的挑战不是界定情境的边界,而是如何在实践中去使用和塑造它。"①为了促进校本教研以及教师专业技能的提高,学校会推出一系列如讲座、组内研讨、公开课展示在内的活动,这些活动以周期形式重复出现,往往以学期或学年为单位,每一种活动之间具有相互依存性,彼此关联和支撑。但是惯例与工具并非一成不变的,"教师与行政人员可以根据需求创建自己的惯例,亚当斯学校的早餐俱乐部就是一个很好的案例,"②

关于对情境中"工具"的理解,斯皮兰表示分布式领导实践中的工具包括但不限于学生评估数据、教师评估协议、课堂计划等,这些辅助工具以一种特殊的方式帮助协调领导者与追随者的实践以及他们在互动中的关系。

---

① Spillane J. P. Distributed leadership[M]. San Francisco:Jossey-Bass,2006:57.

② Halverson, RR. Representing phronesis:Supporting instructional leadership practice in schools (Order No. 3050529). Available from ProQuest Dissertations & Theses Global. (305522112). (2002).

如果仅仅把工具视为一个让人们的工作变得更有效的装饰品,那就错失了它最本质的功能:它可以在领导者与跟随者的互动中重塑他们的实践方式。在这里,他举了一个很有意思的例子。如互联网是一个基础性的工具,它可以帮助我们解决学校日常中的很多琐事,让我们更有效的执行一项任务,但是它基本上改变了我们的生活方式,我们不用去书店买书,只需要坐在电脑屏幕前,选好样式,点击鼠标就可以下单订购,从这个意义上说,它不仅仅是让买一本书这个行为变得更有效,更是向我们展示了一个购买行为方式是如何发生转变的,正如我们其实并非是直接的在这个世界上工作,而是通过多样的媒介(只指情境中的常规和工具)间接工作的。因此,"常规"与"工具"也许不能够直接促成领导力实践,但却是深化和延展教研活动的重要手段。①

二、分布式领导与校本教研在组织结构上的天然耦合

近些年来,受校本课程改革进程的影响,校本教研也加快了改革的步伐。从学校组织结构上来看,有些学校教研部的成立或是教研部门的转型已经呈现出教研组织结构去中心化的趋势,一是整体结构上从分域垂直式到分域扁平式的走向,二是具体实践中的学习型社区的建立。分布式领导在结构上"分层"与"扁平"双重属性为校本教研机构的改革提供了步骤与方向。

---

① Spillane,J. P. Distributed leadership[M]. San Francisco:Jossey-Bass,2006:18 - 20.

（一）分域垂直式的传统科层制结构

需要厘清的是,早期教研制度的结构并非仅仅指教研结构内部的科层制,更是学校组织整体架构以及人事关系的科层制。教研活动的目的是提升教师的教与学生的学,这至少说明教研组织的属性是学术性与专业性的。但是早期的教研组织受到传统的科层制束缚,存在行政化干扰的问题,导致无法真正释放教师的活力。教研组织在学校所对应的部门是教研室或教导处(每个学校称呼略有不同,后文以教研室作为统称),这是一个集研究与管理为一体的部门。早期学校教研组织内部人事结构也出现明显的垂直化分布,导致管理职能大于研究职能,行政职能大于学术职能,原因及其弊端如下:(如图 3 -1)。

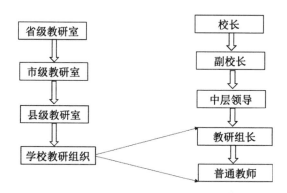

图 31　省市级教研室结构与学校结构的科层制

一方面,从纵向来看,"省级教研室 – 市级教研室 – 县级教研室 – 学校教研组织"的层级结构,意味着早期的教研管理是严格遵循自上而下的秩序的。作为这一链条底端的学校教研组织只是被动地接受上级的指令,并没有太多反馈自己意见的机会和途径,这往往严重阻碍了教研机构的活力与教师热情。另一方面,学校整体组织架构是一种典型的垂直化结构,校长 – 副校长 – 中层干部 – 教研组长 – 普通教师等层级,层级之间有明显地界限,各层级之间分工明确,管理严格,这在一定程度上加强了学校组织结构的牢固性,但是却阻断了各个层级之间的交流。教研活动需要在一个自由的、轻松的、人文气息浓郁的氛围中进行,僵化的科层组织往往无法引导教师之间的学术交流与思想碰撞。实际上,这种垂直式科层制的组织结构与英雄主义时代的领导力结构极为相似,唯一绝对的领导者成为整个组织的权威,而在早期的学校组织中,校长就是那个高高在上的行政领导者,其专业的领导力往往难以在这种组织架构上发挥。

（二）分域扁平式的现代分布式结构

组织结构的扁平化是分布式领导在教学上的一大贡献。对于如何激活教师的活力及释放学校的领导力这一问题,哈里斯的回答是,"我们需要改变结构,重新界定边界,消除那些阻碍大多数人在领导层中广泛参与的障碍"。消除这一障碍的关键在于机制与结构的合理性,分布式领导区别于以往领导力结构的显著特点在于它的扁平化的结构。伍德(Woods)强调了这种结构的双重性:"层次性"与"扁平化",即有层次结构的扁平化(Flat hierarchy),这是一种混合式的结构,尽管看似相互排斥,但是在实践中可以同时交互运作。[1] 需要注意的是,层次不是等级,扁平不代表没有领导,扁平化结构中的层级是根据专业任务分配的而非行政需求分配的。

这一理论立论在研究者所调研的学校中有明显的体现,我国学校领导结构本身就具备层次化基础,而学校中校本教研的组织结构则经历了一个长期的蜕变过程,有的学校在指导思想上意识到学校组织结构应该朝扁平化发展,但是迫于种种原因还没有执行;有的学校从未想过在领导结构上做变革的问题;有的学校已经实现教研组织结构朝扁平化更新蜕变的革新;有的学校在实践这种扁平化结构中遇到很多行政阻碍。总之,受学校发展情况、校长领导水平以及教师素质等多方面因素影响,现实情况复杂各异。但从整体上而言,校本教研组织结构的扁平化趋势日益明显,其中 S 学校在教研组织上的改革尤其明显如(图 3 - 2)

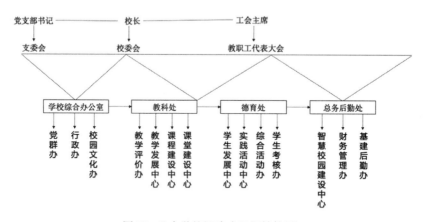

图 32 S 中学的矩阵式组织结构图

---

① Woods& Philip A. & Amanda Roberts. "Distributed leadership and social justice: images and meanings from across the school landscape."[J]. International Journal of Leadership in Education, 2016, 19(2): 138 - 156.

　　该校把原来的"教导处"改成"教科处",这一部门的设立保留了原来教学、教研职能,扩充了课程领域的职能包括课程管理,课程方案的设定,还包括学生事务。由此可知,教科处的职能涵盖范围虽然较大,但是中心明确。即以教师的教与学生的学为核心,教学是这一部门的中枢。图3-2明显地表现出了分布式领导分层的扁平化特点。从横向来看,S中学的矩阵式组织结构下分领域细密,包括教学管理、质量监控、教研管理、学籍管理、毕业生工作、课程安排、学生活动等。领域的划分以教学需求为依据,实现了最大程度的"扁平化"。从纵向来看,每一个被细分的领域,都有明确的职责,任务明确,层次清晰。如教学常规管理下的教学常规检查,包括教案、课程教学、教师手册等,这也在某种程度上实现了"层次化"的特点。莱兹伍德(Leithwood)表示,"分布式领导更准确地反映了日常的组织内部的分工运作,并且减少了单一领导者由于信息受限所导致的错误概率。它允许成员利用各自的优势,还增加了组织从更多成员的能力中获益的机会。"①

　　有研究表示,系统领导者需要的不仅仅是校长可以确保可持续的系统变革,更重要的是重新设计系统来改善学校教育的结构,这种领导配置有五个要点:

　　(1) 更少层次的身份结构,更多层次的任务结构;

　　(2) 以分布式领导为组织结构;

　　(3) 重视学生领导;

---

① Leithwood& Kenneth& Blair Mascall. "Collective leadership effects on student achievement." [J]. Educational administration quarterly, 2008, 44(4): 529 – 561.

（4）领导力的可持续性；

（5）决策过程的参与性。①

对照该校课程教学部的组织结构可知，系统领导配置的五个组成部分在该组织结构上有显著体现，并且具有一脉相承的关系。首先，从平面图上看，该校的教科处是以任务为导向的，任务层次的结构清晰可见，身份等级的高低在该结构中几乎没有显现，这同时也彰显了分布式领导有层次的扁平化的特点；其次，关于学生领导，在德育处仅可以看到与学生有关的事务和活动，并未看到其内部运作，但是在访谈中，有的教师说到"学校的大型活动，基本上是以学生为主体的，即便是要展示给市级领导的，我们也都放手交给学生去做，让他们主持、策划，我们就是在他们有需要时的助手，孩子们都很棒，每一次的表现都超出老师和家长的预期，这一点让我们觉得很欣慰。"由此可知，"重视学生领导"与"领导力的可持续性"具有一脉相承的关系。对于学校高层领导者而言，系统的变革要点在于领导力的可持续性，而领导力的可持续性就在于如何培养新生力量，不仅仅是教师的领导力更是学生的领导力，因为教学系统的最终目的是"通过教师的教，促进学生的学"，学生不仅仅是为了掌握知识，更是为了获取能力。最后，关于"决策过程的参与性"，由于改革后的组织结构弥合了科层制带来的等级缺陷，在教学系统中的每一个人享有平等的地位，只是分管领域不同，因为在面对教学系统内部的重大决策时，每个人都会踊跃地建言献策，因为整个课程教学系统

---

① Hargreaves, D. The true meaning of system leadership. Nottingham：NCSL. 2007：27. Online：http://www.ncsl.org.uk/media/0A8/43/david-hargreaves-presentation-slides.

由各个领域组成的,在每一个领域工作的教师都具有独特性和不可替代性。戴雷(Daly Lewis)表示学校教师被赋权这一行为使得学校从僵化的自上而下(Top-down)的金字塔结构转变到教师参与的扁平化结构,学校的发展、决策、愿景皆在这一结构中运作。

(三) 以“分域扁平化”为特点的混合型结构

从“分域垂直式”到“分域扁平式”的转变过程中,可知分布式领导的理念丰富了我们对学校特别是学校结构的理解,同时它的落实需要我们放弃或暂停传统的领导观念,这操作起来并非是一件易事,因为分布式领导不仅仅是授权,在学校系统内部分配领导力需要权力和资源的转变。需要注意的是,领导结构从“分域垂直式”到“分域扁平式”的转变并不意味着从绝对的垂直走向绝对的扁平,即便在倡导“分域扁平式”为主流结构理念的今天,也不是对“分域垂直式”的完全抛弃。上述研究中提及的案例更确切地讲是一种以“分域扁平式”为特点的混合式结构,无论教学领域的职能分配的多么具体,终归是指向一个总负责的领导。这样看来,这一结构绝非旧瓶装新酒。

洛克(Locke)曾经提出过“领导力集成模型”的概念,它表明分布式领导在学校层面的落实需要进行大量的与团队成员的协调工作,与此同时,也承认任何成功的组织都不可避免的显示垂直或等级领导的痕迹。[①] 垂直领

---

① Locke, E. A. Leadership: Starting at the top. In C. J. Pearce & C. Conger (Eds.), Shared leadership: Reframing the hows and whys of leadership[M]. Thousand Oaks, CA: Sage. 2003:273.

导中涉及的关系需要双向影响力,这有助于那些在分布式领导中不能解决的问题得以协调。洛克认为,在与领导相关的一系列的任务中,有的任务不需要分配或共享,而其余部分应该至少或部分地分配或共享。从我们的核心领导职能角度来看,洛克将指定"最高领导者"(他的任期)决定组织愿景(包括其核心价值观)的工作,确定实现愿景的总体战略,并确保组织结构支持其战略。虽然许多人会参与制定此类决策的制定,但最高领导者对他们负有最终责任。[①]

总之,从教导处到教科处的转变说明了教学研究从管理取向转换为专业取向的倾向。它会触动一些领导者的既得利益使得他们的权力在转型中被瓜分,在这个过程中,不可避免地这将产生一些批评和抵制。但是,正如哈里斯所言,在领导模式从组织层级与顶层领导者转移到更加分散的共享网络结构的过程中,一切努力都是值得的![②]

三、分布式领导对校本教研在
倡导理念上的前瞻性引导

相关研究表明,"领导力责任可以通过多种方式分布,但是如何能够引入非正式领导者,而不仅仅是校长或副校长等这些具有正式职务的人是研

---

① Locke, E. A. Leadership: Starting at the top. In C. J. Pearce & C. Conger (Eds.), Shared leadership: Reframing the hows and whys of leadership[M]. Thousand Oaks, CA: Sage. 2003:273.

② Harris, A. & Townsend, A. Developing leaders for tomorrow: Releasing system potential [J]. School Leadership and Management, 2007, 27(2): 167–177.

究者亟需解决的重要问题。"①但也很显然,任何一所学校的发展,都不可能是单一领导者的个人功绩,领导力实践不仅关注人们做什么(what),更关注怎么做(how)以及为什么(why)要这样做。如果研究可以产生关于领导力的知识,那么理解领导力实践就是必不可少的。分布式领导是最新的"解毒剂",用来攻克跟随者对"英雄主义领袖"的盲从。②

(一) 以动态性和协同性为特点的分布式视角

如果说,要素的相似是分布式领导与校本教研适切的基本前提,那么分布式视角则是正确理解分布式领导对校本教研产生重要作用的关键,正如在本书开篇所强调的那样,"分布式领导既不是一个有效领导力的蓝图,也不是学校领导力实践的处方,而只是思考学校领导力的一种视角。"这一点观点首先为那些企图用分布式领导理论解决校本教研一切问题的投机者关紧了大门。分布式视角映射了领导力实践是如何在领导者的交互中成型的,而校本教研与该视角呈现了不同程度的适切。

一方面,分布式视角的动态性。从分布式的视角来看,在领导者、跟随者以及他们所处的环境中交互影响所产生的领导力实践是具有批判性和流动性的。他们的身份和角色都是随着情境的变化而变化,"是故弟子不必不如师,师不必贤于弟子"说的正是这个道理。这种互动的实践系统所发出的能量超过个人领导者行为相加的总和。在某种程度上,该动态性在本质上

---

① Heller, M. F, &Firestone, W. A. Who is in charge here? Sources of leadership for chaning eight schools[J]. Elementary School Journal, 1995, 96(1):65 – 86.

② Spillane, J. P. Distributed leadership. The Educational Forum, 2005, 69(2):143.

打破了身份与职位的边界,其目的在于真正实现二者的交互。在教研系统中,教师与教学领导者身份与角色的转换并没有明显的标志,但却以影响力的交互作用为载体实现着二者身份潜移默化的变化。

现在老师都重视实践,我很长一段时间都很苦恼于怎么去解决这个问题,后来我带了一个徒弟,他是从重点学校毕业的研究生,你知道刚毕业的学生都有点书生气,理论化色彩比较强,然后有一天他跟我交谈的过程中,我就突然知道那个一直困扰我的事该怎么解决了。我就以我的徒弟为例,让他组织新毕业的研究生,轮流给我们老师分享他们做的课题研究,分享这个研究现在国内都研究到什么程度了这类的内容,我说,这多好啊,咱不出校门,就能学校最前沿的东西,这些新老师虽然没有教学经验,但是他们的长处使我们所不及的,自己学校里边进来的这些研究生就是更新我们知识方法的一个很好的渠道。(R-L-1)

上述教学领导者正是利用角色互换为一直困扰自己的难题提供了解决思路。新教师理应成为老教师的徒弟进行实践学习,但是新教师在理论研究方面具有优势,因此也可以为老教师的理论研究打开思路。海勒和费尔斯通(Heller&Firestone)曾经对八所小学进行研究,结果表明领导力应当被定义为一组职能,而不是与特定的行政职位联系起来的能力。[①] 因此,分布式领导中的领导者没有职位、年龄、资历之分,只有能力大小之别。

另一方面,分布式视角的协同性。即领导者之间、教师之间或领导者与

---

① Heller, M. F. , & Firestone, W. A. Who's in charge here? Sources of leadership for change in eight schools[J]. The Elementary School Journal,1995,96(1):65 – 86.

教师之间的合作。与我们之前的理解有所不同，分布式领导认为合作是人们开展工作的充分而非必要条件。学校的领导者有时在一起工作，有时候即便承担着相同的责任他们的工作是完全分开的，换言之并非所有的合作都是必要的。例如 Ellis 学校正校长与副校长都承担监管以及评价课堂教学的责任，在他们眼中，提升教学质量是领导力的核心功能。因此，对教学的监管成为两个领导分别独立进行的实践活动。[①] 这一点在校本教研的人员结构中有明显的体现，校本教研的人员结构分层比较单一，基本上是教研组长和普通教师，但是各个学科都有教研组长，他们分管不同的学科，分别在自己的领域工作，但是如果涉及从系统层面对教研进行改革，他们就会进行协作，从各自学科的角度为教研系统的完善建言献策。在教师成长过程中，集体教研（合作）与教师的自我成长（非合作）均是对分布式视角协同性的体现。

　　每个星期都会有集体备课，大家分一下任务，讨论一下这次期末考试卷出什么。有的时候也会探讨一这篇课文该怎么教，但就是讨论一下，不太深入，因为毕竟同事之间，可能都是同水平的，大家的积累都差不多。所以我说的教研，还是要走到校外。因为中国有专门负责教研的机构，专门负责教研机构的老师叫教研员，他们是全职负责教研工作的，所以他们可以获得各种信息，他们也可以了解哪个学校有一些什么新想法，他们去邀请不同的老师把他们的思考给全区的老师讲讲，这样就会有一个高度。（B-L-1）

　　集体备课和集体教研是教师合作学习的实践载体。该教师在上述言谈

---

① Spillane,J. P. Distributed leadership[M]. San Francisco:Jossey-Bass,2006:17.

中透露出合作学习的一个重要信息是组内成员专业水平的差异性影响了合作学习的效果。如果教研组内的教师在教龄以及教学经历处于不相上下的水平,那么这种集体教研的内容就仅停留在对教学任务分配的表面探讨,其效果就会受到限制;如果组内成员的专业水平呈现明显的差距,或者有新鲜血液的注入,或者有高水平教育者的引领,那么则会最大限度的刺激教师接受新知。除此之外,分布式领导中的非合作方式在教师的自我成长过程中也有重要体现。"我觉得在我们学校如果教师想要成长,还是得靠自己,有时候领导也不说什么,所以学习就得自己去奔。"(S-T-2)无论是在协作的特殊性中,还是在主体角色的变动中,分布式视角提供的并非是一个一成不变的范式,它是过程导向而非结果导向的理论,是一种渐进的而非急功近利的实践过程。

(二) 不是领导者的分布而是领导力的分布

"领导者 + "(ieader-plus)是分布式领导的主要理念之一。从表面上看,人们对于分布领导的认知主要集中在以领导个体数量的扩大化来实现领导力的分布,鼓励教师在学校中承担责任,但这种理解具有片面性,因为分布式领导强调的是领导力的分布,而非领导者的分布。领导者数量的增加是实现领导力分布式的一个表现形式,而非内在实质,这一点在实践中极其容易引起误解。如学校教学体系中以任务为中心的扁平化结构就是"领导者 + "理念的体现,但是为了更清楚地了解"领导者 + "在校本教研中的体现,需要从对" + "了谁? 以及如何在" + "中分布的问题中寻找答案。

关于" + "了谁的问题。最近针对美国 100 多所小学的研究发现,一所小学通常由 3 – 7 个人承担主要领导职位。[①] 这种职位包括校长、副校长、教学主任、课程开发者、教师导师、普通教师等,甚至为学校做区域规划的顾问也会承担该校的领导责任。"领导者 +"的观点表明实现对学校的管理与发展可以涉及多个领导者,不仅仅是具有正式领导职位的个体,也包括非正式领导职位的所有个体。[②]"在学校中有那么一类群体,他们没有行政职务,尽管他们自诩不是领导者,但不可否认的是他们的确在教学领域对其他教师产生了领导效应。我们学校有个英语老师,他前年刚退休,他就是普通的英语老师,但是他影响力特别大,他就是潜心于教学,即便是退休了,在我们周围地区影响力也比较大,我们老师都很尊敬他。"(Q-L-1)这就是普通教师所呈现的非权力影响力,这种理念首先就打破了领导者与跟随者行政身份的边界,为跟随者打开了成为领导者的第一道门。

回看亚当斯学校的发展历程,威廉姆斯(Williams)校长对从属关系的理念是该学校初期走出困境的重要支撑,她并没有把自己定位为学校最高权力的拥有者。她认为,学校其他领导者、行政人员、专家、课堂教师同为亚当斯学校改革的缔造者。当提到学校其他关键角色的时候,威廉姆斯说:"我不可能一个人把所有的事都做了。"她解释说,她给学校一组领导者留有位置和空间,鼓励他们为学校的转型贡献力量。此外,她还雇了一个助理,专门监管学生的纪律,她说这个助理是重要且必要的,因为我不可能既让自己

---

① Camburn,E.,Rowan,B.,&Taylor,J. E. Distributed leadership in schools: The case of elementary schools adopting comprehensive school reform models. Educational evaluation and policy analysis,2003,25(4):347 – 373.

② Spillane,J. P. Distributed leadership[M]. San Francisco:Jossey-Bass,2006:33.

参与到管理纪律的事务中,又聚焦在学校的教学项目上。亚当斯学校的一位教师谈到,"从威廉姆斯校长接管亚当斯学校开始,我们形成了一个特别棒的团队,如果不是他们的引领,我们也不会成为现在的样子,如果行政部门不能定下一个基调,那我们也不会适应这个基调。"①

关于如何在"+"中分布的问题。当团队中出现多个领导者在践行分布式领导的时候,如何安排领导责任成为一个关键问题,斯皮兰提出三种方式:分工、协同与并行,这三种方式可以同时出现或单一存在。

首先是分工(division of labor),"分工的特点是两个或两个以上领导者通过分工的方式共同执行领导惯例。"②单独的领导者很少会为一个特殊的领导职能去承担责任,如果进入多维领导视角,并不是说要对领导者的工作进行整齐划一的分工,而是要对职能结构进行重组,合并重叠职位,开创需求职位,让适合的人在适合的岗位上。③ 在访谈中,研究者了解到,教师和教师领导者对分工的理解与实践落实存在显著的差异,在教研活动中,分工被落实成一种对教学内容和考试题型的分配;其次是协同(coperformance),"协同是指两个或两个以上的个体以合作的方式执行领导管理职能,他们协同工作,共同执行相同的领导惯例。"④领导者的协同工作可能会涉及的领

---

① Spillane,J. P. Distributed leadership[M]. San Francisco:Jossey-Bass,2006:6.

② Spillane,James P. ,&Eric Camburn. The practice of leading and managing:The distribution of responsibility for leadership and management in the schoolhouse[J]. American Educational Research Association,2006,(22):1 – 38.

③ Heller,M. F. ,&Firestone,W. A. Who's in charge here? Sources of leadership for change in eight schools[J]. The Elementary School Journal,1995,96(1),65 – 86.

④ Spillane,James P. ,&Eric Camburn. The practice of leading and managing:The distribution of responsibility for leadership and management in the schoolhouse[J]. American Educational Research Association,2006,(22):1 – 38.

域包括,教师发展、课程发展、课程材料的选择、学校发展计划等,是实现教研集体活动的重要支撑点。协同合作的群体有时是经过事先安排好的领导者和教师群体,学校行政人员又是也会随机出现;最后是并行(parallel performance),"并行是指人们执行相同的任务但没有任何协调的情况。"①领导者们并不总是以协作的方式在一起工作,他们经常并行工作以执行相同领导职能。这种看似冗余的安排并非一无是处,它可以起到监督与制衡的作用。对分布式领导而言,两个以上的并行领导者在互动中会发生冲突这是显而易见的,但是这个正是领导者实践在学校和社会情境下得到延伸的表现,因为并行领导者的工作并非重复,它更加考验领导者对分布式视角的理解和运用,这种并行领导的功用体现在学校对一些始料未及的危机的处理上。②

　　无论是分工、协同还是并行都是讲策略的,以"好警察和坏警察"为例,在审讯的过程中,两个警察都有相同的目标,就是让犯人承认自己所做的,但是在审讯的过程中,他们可能会扮演不同的角色,使用不同的策略。因而,同一目的的达成可以使用不同的手段,领导者在"分工－协同－并行"时所使用的策略和扮演的角色,是依据情境和目标的方向来决定的。

---

①　Spillane,James P. ,and Eric Camburn. The practice of leading and managing:The distribution of responsibility for leadership and management in the schoolhouse[J]. American Educational Research Association,2006,(22):1-38.

②　Spillane,J. P. ,Halverson,R. ,&Diamond,J. B. Towards a theory of leadership practice:a distributed perspective. Institute for Policy Research, Northwestern University. 2000:6.

（三）主体间交互作用的领导力实践

"领导力实践具体是指领导与管理的实践,将领导和管理定义为实践,可以使非正式领导职位的个体也参与该工作。"①虽然人们的行为在领导力实践中很重要,但是如果从分布式视角来理解实践过程的话,研究个人行为或聚合他人行为都是不够的,互动才是最重要的。尽管校长是领导力能否被落实的关键人物,但是以往的实证研究表明,对学校校长领导力的过分关注是一种短视的做法②。更为遗憾的是,分布式领导实践由于经验与知识基础薄弱,很少有人研究过领导力是如何在领导者、追随者与情境之间互动形成,但至少可以从以下两方面获取对领导力实践的认识。

1. 领导力实践的核心是主体间互动而非个体行为的总和

早期的领导力理论将大部分功绩均归功于个人的贡献,而分布式领导首先是关于领导力实践,而非领导的角色与职位,尽管它们也是重要的考虑因素,但是领导力实践是一个重要的不可被代替的起始点。"互动是领导力实践的关键,从集体的层面分析领导力是必要的,只有当我们分析集体领导实践时,我们才能看到实践是如何在互动中,而不是在个体的行为中形成的。"③它以一种独特的方式将领导力实践视为学校领导、教师与环境交互

---

① Eccles, R. G. & Nohria, N. & Berkley, J. D. Beyond the hype: Rediscovering the essence of management [J]. Beard Books, 1992: 13.

② Leithwood, K. & Mascall, B. & Strauss, T. & Sacks, R. & Memon, N. & Yashkina, A. Distributing leadership to make schools smarter: Taking the ego out of the system [J]. Leadership and policy in schools, 2007, 6(1): 37 – 67.

③ Spillane, J. P. Distributed leadership [M]. San Francisco: Jossey-Bass, 2006: 56.

作用的产物。

语文学科最让老师和学生头疼的部分是写作，因为很多学生都认为这是一个花费了大量的时间却看不到成效的部分，很多老师也不知道该怎么办，尤其是刚进来的新老师。后来我们组就专门对这一块做了一个"写作文件夹"活动，就是给每一个学生的作文建立写作档案，标注日期、主题、评语。这个活动在刚开始的时候推行的比较困难，因为给教师带来了很大的负担，任课教师需要抽时间对每一个学生的写作内容进行面对面的指导，给反馈，但是慢慢的，这个活动进行了两个学期，我们就看到点成效了，教师没那么累了，学生对作文也没那么反感了，因为两个学期之后，每个学生的"写作文件夹"都已经有半本书那么厚了，别说学生了，就连我自己翻着看都有一种成就感。（D-L-2）

"写作文件夹"的建立是教师集体智慧的结晶，它将一种收效甚微的任务变成一种可视化的文件，学生对自己成长的痕迹和上升的过程清晰可见。教师与学生之间的实践与互动在这里得到充分的展现。一方面，它以多种方式构成了领导力实践，教师关注学生在写作方面的学习所得，教师在与学生的互动中真正在"教"，而不是仅仅是给学生下命令。另一方面，写作文件夹形成了这种互动以至于教师在这种惯例中为学生的作业提供反馈，实现了老师与学生之间一对一的互动，写作文件夹的案例说明了，情境是如何定义领导力实践并被领导力实践所定义的。它与传统的仅注重改变教学而忽视学生意愿的努力不同，教师可以在与学生的每一次互动中察觉学生的想法并适时调整教学策略。

2. 分析领导力实践的关键是分析主体行为之间的相互依赖关系

分布式领导的挑战在于如何在领导者身上开展领导力实践,其中一个可行的办法就是分析领导者行为之间相互依赖的关系。[①] 这要求我们突破个人行为和知识的局限性,将目光投向集体。在分析领导协同实践的过程中,需要兼顾两方面的工作,即集体以及组成集体的各个部分。从研究者的角度来看,领导者和追随者都参与了需要理解的实践,他们互动的背景以及相互作出的反应都是重要的考量因素。领导力研究最重要、也是最实用的任务之一就是揭示那些对追随者产生影响力的领导行为。[②]

关于领导力如何在学校层面实践的,有一个关于亚当斯(Adams)学校的经典案例:亚当斯学校是坐落于芝加哥南边的小学校,这个学校的学生都是处于贫困线以下的家庭,亚当斯学校在20世纪80年代陷入了危机,只有16%的学生的阅读成绩能够达到标准。然而,10年之后,学生的出席率有了明显的改善,并在学业成就的考核中取得了骄人的成绩,于是亚当斯学校在当时便作为一个成功的学校被别人知晓,凡是知道它的老师都想到这个学校工作。关于成功的原因,当时的校长助理回忆说,"事情发生转变开始于1988年,威廉姆斯(Brenda Williams)接管这个学校的校长职位,在她来的第一天,我们开了一个会,在这个会议上,她设置了致力在这里完成的四个目标,并且确信大家一定每年都可以看到学校的进步。"威廉姆斯是一个非洲裔美国女性,自20世纪90年代就致力于提升亚当斯学校的整体发展,当

---

① Gronn, Peter. "Distributed leadership as a unit of analysis." [J]. The leadership quarterly 2002, 13(4): 423 –451.

② Spillane, J. P. Distributed leadership [M]. San Francisco: Jossey-Bass, 2006: 6.

时只要一提到亚当斯学校,威廉姆斯便得到许多赞誉。当然,像她这样的校长成为教育领域的专家以及"英雄领袖"是当之无愧的,在她的身上体现着英雄主义领导者的魅力和勇敢,但没有英雄主义领导者的专制和权威,她以领导者的身份做出"学校一定会发展起来"的保证,为大家鼓足士气,在落实的过程中,让每一个有能力人在学校扮演重要角色,因此,学校发展的成就是校长的睿智果敢的举措与个体成员的配合共同努力的结果。①

　　领导力实践又是如何在个体之间交互的? 关于这一点,维克(Weick)提出一个概念,即留心(Heedfulness)。"留心"描述了一系列的行为实践的方式,即当整个团队营造出严谨的氛围时,团队成员就会表现的很细心;当整个团队行为表现得很有目的性时,团队成员的行为就会表现得很有目的性。② 也就是说,每个个体都会或多或少地将自己的行为与群体相关联,因此,可以以该"关联"为抓手,确定由个体组成的群体是如何运转的,"校本"强调对个性化问题的解决,在实践中的师徒结对是个体经验交互的典型例子,W 老师对这一问题提供了相对透彻的解答。

　　A 学校和 B 学校有差别,A 老师和 B 老师之间也有差别,但是,它们之间只不过是更大的个体和更小的个体之间的差异。如果我们想要实现沟通,那么就必须要打破 A、B 之间的这种壁垒,唯有通过校本培训才可以实现。打破了这个之后,就是 B 老师看到了 A 老师的经验丰富,他可以从 A 老师吸纳一些东西,那 A 老师也可以从 B 那里吸纳一些东西。(B-L-2)

----

① Spillane, J. P. Distributed leadership [M]. San Francisco: Jossey-Bass, 2006: 2.

② Weick, Karl E. & Karlene H. Roberts. "Collective mind in organizations: Heedful interrelating on flight decks." [J]. Administrative science quarterly, 1993: 357 – 381.

师徒结对的前提是承认教学是一种经验的艺术，A 教师如何能发现 B 教师的经验值得学习是教师能否取得快速进步的关键，这时候就需要维克所说的"留心"，这是一个关于自我意识的问题，同时也会受到群体行为影响，例如进步缓慢的教师有时会受到快速进步的教师行为的影响，从而激发前者的留心意识。然而，师徒结对的本质是基于过去已有经验的一种传递，但也需要随着社会的进步注入新的思想观念，使之成为一种既能够传递经验，又能后获取新知的双向交流载体。

比如说我们有的时候就会观察年轻老师，他会怎么去和现在的学生进行沟通？我们原来那套方式方法可能有点行不通。有的时候，老师年轻气盛，经常和学生生气，我就总跟他们说，不要纠结这个问题，你去想，你为学生付出这些，难道是要图学生对你有什么回报吗？你要这么去想的话，学生给你回报了，你觉得很自然，理所当然了，学生不给你回报，你就会没有了快乐，或者快乐减少了一半。你没有惊喜了，快乐减少一半，如果你要指望学生给你回报的你去付出，那你就一点快乐都没有。我说你不要去想这些。你不要原来对待学生的眼光去看待现在的学生，因为我觉得时代在发展，你要看到他的另一面，他们的那种志愿服务意识，他们的那种公德意识，他们的那种人与人之间交往的平等意识，这是过去学生所没有的。(B-L-2)

师徒结对的形式对师傅的专业水平以及思想高度提出了很高的水平。他在践行自我教学领导力的同时需要在实践中更新自我的教学领导力。因此，年轻教师在学校中的专业成长需要得到多方的力量，校长、教研组长、师傅等他们都在不同岗位上对年轻教师的成长承担了不同的责任和角色。由此可知领导力实践不等于领导个人行为，它应该在一种交互的环境中，而不是一种单独的行为,个人行为必须被理解为交互的一部分,而非全部。①

　　总而言之,分布式领导为我们思考教师在校本教研中教学领导力的形成提供了一种特别的视角。一方面,从分布式的视角来看,领导力实践必须是中心关注点,领导力实践不等同于领导者行为,学校领导者的行为是重要的,但是它仅仅是定义领导力实践的要素之一,在这一点上,我们需要超越"领导者 + "的局限性;另一方面,交互与行为不同,相互关系是分布式视角透视领导力实践的关键,因为领导力实践就是在领导者、跟随者和他们的情景互动中形成的。这种方法与"领导者 + "的方法不同,后者关注的是识别领导者并鉴别他们的行动,从分布式视角来,仅仅计算领导者的数量是远远不够的,总体大于各部分的相加总和。因此,在一个分布式的结构中,我们必须从领导力实践开始,观察领导者是谁,并且探寻领导者与追随者之间互动的关系。②

---

① Spillane, J. P. Distributed leadership [M]. San Francisco: Jossey-Bass, 2006: 7 - 8.

② Spillane, J. P. Distributed leadership [M]. San Francisco: Jossey-Bass, 2006: 84.

第四章 分布与赋权:校本教研的领导方式

教研组织在学校层面的事务化与官僚化取向往往导致其成为行政的附庸,从分布式领导的视角来看,行政化的根源是领导者对组织内部的集权与控权,因此,亟须讨论的是领导力如何"分布"以及领导者如何"赋权"的问题。"分布"与"赋权"是分布式领导在学校实践的重要落脚点,它涉及教学系统层面的架构、教师对权利的掌握等问题并最终在序列系统中实现教师的阶段性成长。

一、领导力在学校结构中"分布"

领导力的分布,不是关于领导者数量的分布,因为在数量上达标对分布式领导理论而言是没有意义的。瑞德(Reid)等人调查了美国一所中学的领导力分布,他们发现这所学校76%的工作人员被贴上正式领导者的标签或被同事认为是领导者。换句话说,只有16名教师没有重要的领导角色。①这是一个在数字上无限接近甚至超越分布式领导结构的学校,但是很显然,

---

① Reid, I. & Brain, K. & Boyes, L. C. "Teachers or learning leaders?: Where have all the teachers gone? Gone to be leaders, everyone"[J]. Educational Studies, 2004, 30(3): 252.

领导身份的唾手可得在某种程度上降低人们对成为领导者的期望。那领导力在学校层面应该如何分布？斯皮兰经过多年实地考察的研究结果表明，这种在学校层面的"分布"由多方面因素决定的，包括领导力职能、学科、学校类型、学校规模、学校领导团队的发展阶段等。

（一）依据"领导职能"进行分布

从整体上看，学校各级领导的领导职能是多样的，包括教学领导、行政管理、常务后勤以及学生党政教育等；从个体上看，每一个领导职能都具有专业性。例如，教学校长专注于教学领导，他们较少把时间用在学校管理和跨界协调上。学科教学领导的领导职能具有专注性和单一性，而学校正校长的职能则是多方面的，也许他们对某一领域的投入和理解不如学科教师和学科领导者深入，但是他们需要同时兼顾教学、管理以及跨界领导等多方面的领导职能。这样来看，在学校多样的领导职能中，校长与书记的领导职能是横向广泛发展的，而教学副校长、常务副校长、学科带头人等则是专注于某一领域的学科领导，其领导职能是纵向深入发展的。因此，学校是否产生领导者、领导者数量的多少、领导者职位的高低是由领导者职能需求决定的。在访谈中，W 老师提供的该校教学指导评价中心很好的验证了这一点。

根据 W 教师提供的信息，各个部门的职能清晰可见。虽然无法从图中辨认领导者的职位和数量，比如以教务处为例，它涉及的人员包括但不限于教务处主任、办公室干事等，但是却不是"教学指导中心"这一结构要考虑的首要问题，其结构设计的依据是各部门的职能需求产生了人员的分布。

关于分布目标的问题，在堪布恩（Camburn）等人的研究中表示，"教师

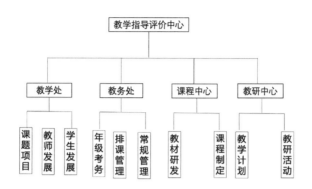

图 4-1　某校教学指导评价中心结构图

的关注点是如何把学生教好,而校长们在报告中则表示他们更重视教学目标的设定和质量监督的改进。"[1]这个研究结果非常有价值,这正说明了分布式领导在学校层面落实的真实情况。校长与普通教师的着眼点不同,一个专注于微观的教学实施,一个专注于宏观的学校发展,二者是位于分布式领导的不同层面、不同着力点共同朝最终目标前进的。简而言之,领导者目标分层但不分散,尽管主管的领域不同,但是都是朝同一个方向发展的,因此"分布式领导如何分布,分布多少这个问题"首先是根据领导职能的需求来确定的,而不是根据领导者需求确定的。

(二) 依据"学科类型"进行分布

领导团队日常活动的参与人数以及领导者与教师的参与程度取决了学校的学科发展需求。从学生素养的构成角度上讲,学校以追求学生素质和

---

① Camburn& Eric& Brian Rowan& James E. Taylor. "Distributed leadership in schools: The case of elementary schools adopting comprehensive school reform models." [J]. Educational evaluation and policy analysis, 2003, 25(4): 347-373.

能力的全面发展为目标。然而,构成各个学科教师整体实力的差别会导致学科发展的不均。人文素养的养成是一个缓慢的过程,教师需要倾注更多努力,而每一个学生都是特别的,他们的素养养成途径绝非整齐划一的。在这种情况下,领导力的分布会受两方面因素影响:一方面,学校学科建设的评估报告所显示优势学科与有待发展的学科是重要的参考因素;另一方面是考试制度以及教育政策的引领是重要的导向因素。二者共同构成了领导力在各个学科中如何分布的重要依据。例如,受到考试制度的影响,与体育学科相比,英语学科可能会需要更多的领导者来支持和指导这一学科发展。

我们学校教学系统的组织结构,是这样的:从分管校长到教导处,教导处有语文教导、数学教导、英语教导。其他的小学科那是没有管理人员的,但是他们有组长,比如说现在有道德与法治学科有组长,还有科学学科有组长,还有美术、体育、音乐等等。(W-T-1)

当 J 老师回忆学校教学系统的组织结构时,无意间透露了学科间力量分配不均衡的特点,他说到"小学科是没有管理人员的。"因而,所谓分布并非平均分布,而是一种有层次、有侧重点的需求导向的分布。除此之外,有研究显示,"人文类学科对领导力的需求高于理化类学科,如暂不考虑校长本身的学科专业背景,一般而言,与数学和科学学科相比,校长会更多地进入人文学科的常规活动中。"[①]一个最明显的例子是亚当斯小学,它为了践行关于文化素养的教学活动,所涉及的行政领导班子通常有校长、协调员、

---

① Stodolsky& Susan S. & Pamela L. Grossman. "The impact of subject matter on curricular activity: An analysis of five academic subjects." [J]. American Educational Research Journal, 1995, 32(2): 227–249.

课程专家、教研组长还包括一些活跃的参与者。相反,对于数学教学领导力的常规(Routines)通常依靠四个数学教师领导者中的一个即可完成。[①]

(三) 依据"学校规模"进行分布

21世纪初,根据斯皮兰斯皮兰和戴蒙德(Diamond)对美国100多所中学的研究结果显示,在中学中,承担领导力责任的人数通常为3~7人,几乎同一时间,堪布恩(Camburn)等人对100多所美国小学进行的一项研究也发现,领导职能的责任通常分布在每所小学3~7个正式指定的领导职位上。这些职位包括校长、副校长、课程协调员、辅导员、学科领域领导者以及其他"辅助"专业人员。[②] 当然,该分布数量仅具有参考价值并非是绝对的。

一项对100多所小学的研究发现,"一般而言,学校的规模越大,需要承担领导力的数量就越多,较大的学校就会相应的配备一个较大的领导团队。"[③]虽然,这项研究只包含正式领导者,没有包含承担领导责任的普通教师,但仍然可以说明学校规模影响领导力分配的这一问题。本书承认学校规模与领导团队规模是正相关的,但需要注意的是,这并非是绝对的正比例或者线性正相关。一般情况下,当学校规模达到一定程度时领导团队的成员数量并非呈现

---

① Spillan, J. P. & J. B. Diamond& L. Jita. Leading instruction：The distribution of leadership for instruction [J]. Journal of Curriculum Studies, 2003, 35(5)：533 – 543.

② Camburn, E. & Rowan, B. & Taylor, J. E. Distributed leadership in schools：The case of elementary schools adopting comprehensive school reform models [J]. Educational evaluation and policy analysis, 2003, 25(4)：347 – 373.

③ Camburn& Eric& Brian Rowan& James E. Taylor. "Distributed leadership in schools：The case of elementary schools adopting comprehensive school reform models."[J]. Educational evaluation and policy analysis 2003, 25(4)：347 – 373.

比例式的增长,学校会通过控制正式领导者人数和增加非正式领导者人数的策略来实现领导力的分配,这是分布式视角对大规模学校避免陷入领导层臃肿的一大策略性贡献。

例如,现如今,一线城市有实力的中小学迫于学生生源需求以及社会对学校的期待往往会创办分校,各个分校相加后依然是一个巨大规模的学校。这时,如果单纯用领导者与教师之间分布比来设置安排,往往会导致组织混乱。在这种情况下如何有序实现各个分校的正常运转? 在这一问题上可以效仿巨型大学的治理模式。即各个分校配备分校校长,分校校长在总部系统发展战略的指导下享有分校的人事权、管理权、行政权,并可以根据分校自身的特点制定相应的管理制度,总部对各个分校有控制权而非干预权。这种治理模式巧妙地化解了大规模分校学校的治理难题。①

(四) 根据"发展阶段"进行分布

学校发展阶段是也影响领导团队比例构成的一个重要因素。在哈里斯(Harris)关于共同领导的一项研究表明,时间作为一个变量因素对领导者对其领导职能的深入理解尤为重要。具体而言,校长会根据学校的发展阶段来调整领导策略,而不会依赖于某种静态理想的领导力模型,因而,学校发展阶段的变化会导致领导责任分配的变化。② 在访谈中研究者了解到,城市

---

① 周群英.美国巨型大学治理模式研究[J].长春工业大学学报(高教研究版),2008,29(04):104-106.

② Harris& Alma. "Effective leadership in schools facing challenging contexts."[J]. School Leadership & Management, 2002, 22(1): 15-26.

与乡村学校师资实力以及教学水平存在明显差距,以英语学科举例,城市重点学校可以在课堂上提供外籍教师,专门用于对学生的口语训练,在课外鼓励学生参加英语演讲比赛,学校出资请专业教师进行辅导。而与此呈现明显差距的是,处于低级发展阶段的乡村学校,英语学科的师资配备仅为英语教师(非外教),并无其他支持,这是不同学校所在区域经济发展水平和自身实力的不同导致的。

　　从纵向看,随着时间的推移,学校领导层的分布会发生变化,领导者的角色也会随着学校在改进过程中所处的位置发生变化。领导力责任的落实所涉及的领导者数量是依据学校的发展路径以及专业领域的现实需求所决定的。[①] 如在监控和评估教师实践等领域,涉及的领导者相对较少,而教师发展领域涉的领导者就较多。在学校系统中对领导力的分布可以从两个方面进行。一是对教学系统的组织结构的考察,二是对教学领导者的行政化程度的考察。所谓教学系统的组织结构主要是指人员的构成以及相应的职责分工,在教师确定以及不确定的语气中,可以获知学校教学系统坚固的分布式结构,在访谈中,W 教师表示,"我一下子反应不过来,我们学校到底有几个副校长了,有主管教学的、教务的、学生工作的、德育的,还有外联部副校长。我们学校有一个大校长,但是有很多副校长,他们都主管不同的领域。表面上是平级的关系,但是好像还是主管教学的副校长感觉更受重视一些,然后再从下面划分各个级别的主任,教研组长,普通教师等等。"(D-L-2)

---

　　① Camburn, E. M. & B. Rowan& J. Taylor. Distributed leadership in school:The case of elementary schools adoping comprehensive school reform models [J]. Educational Evaluation and Policy Analysis, 2003, 25(4): 347 – 73.

这位教师描述的并非教学系统而是整个学校组织结构。从中可知,这是一个典型的扁平化结构,它具有分布式领导的基础,其职位按照任务划分并会因为学科类别的不同而受到影响。总而言之,"只关注领导职能的履行情况会误判领导力的责任分配,通过分析学校领导者工作的日常表现,我们发现许多日常工作的设计和安排起初是为了解决领导职能,或随着时间的推移演变成解决不同的领导职能。"①领导力的分布所追求的不是一个确定性的客观数量,而是如何在实践中根据不同因素的变化适切地实现最优化的重组和分配。

二、领导者在教师群体中"赋权"

"赋权"是一个双向的动词,它连接两个实践主体——赋权者和被赋权者。信任是二者交接的基础,能力是被赋权者实现自主权的前提。当赋权的行为落到学校教研层面时,这个问题就变得较为复杂。诚然,有研究提倡"教师是学校真正的设计者,"②但与此同时,教学也是一项高度复杂的活动。对内,它包含了许多纷繁复杂的知识,③对外,它处在一个结构不合理的动态环境中。例如在"科层制下的教师自主权"以及"戴着镣铐跳舞的校长"等这些表述都是描述教

---

① Spillane, J. P. Distributed leadership[M]. San Francisco: Jossey-Bass, 2006: 32.

② Bennett& Sue& Shirley Agostinho& Lori Lockyer. "The process of designing for learning: understanding university teachers' design work." [J]. Educational Technology Research and Development 2017, 65(1): 125–145.

③ Mishra& Punya& Matthew, J. Koehler. "Technological pedagogical content knowledge: A framework for teacher knowledge." [J]. Teachers college record, 2006, 108(6): 1017.

育主体在一种不匹配的结构中所处的尴尬境地,也是康克林(Conklin)所说的难以解决的矛盾问题。① 因此,在教学系统中,教师想要成为真正的设计者并非易事。一方面教学领导需要真正放权给教师,给予足够的信任,另一方面,教师需要具备掌握话语权和承担责任的能力。

(一) 赋权的过程与维度

赋权(empowerment)实际上是对管理风格的一种描述,是领导者将权利(通常指决定权和行动权)下放给被授予者的行为,赋权与增能是相继发生的两种行为。柏林(Bolin)表示所谓赋权增能就是"通过赋予教师参与学校决策的权力,通过赋予教师决定教什么、怎么教的专业自主权利,进而实现教师发展。"②

魏德曼(Weidemann)等人提倡通过建立学科网络系统赋予和保证教师的权利,该方法的理论前提是承认教学的迭代,让学校保持自我更新与持续发展这一观点。③ 其过程如下:首先,聚集一批具有相同目标的教师群体,他们可以来自不同学科,但都希望拥有话语权和承担学校发展的责任,而人员结构的安排以任务进行分配;其次,通过常规确定活动安排,例如,建立两周一次的研讨小组;再次,确立预计实现的目标,如教学层面可以设定为帮助

---

① Conklin J. Dialogue Mapping: Building Shared Understanding of Wicked Problems[M]. John Wiley & Sons, Inc. 2005:1 - 20.

② Bolin& Frances S. "Empowering Leadership."[J]. Teachers College Record, 1989, 91(1): 81 - 96.

③ Sloep& Peter, B. "Networked professional learning." Technology-enhanced professional learning [J]. Processes, practices and tools, 2013: 97 - 108.

参与者在保留教学内容的同时提升教学技巧。教师培养课程方面的目标可以设定为将问题解决、合作学习、实践纳入职前教师课程中。① 由此可见，建立网络系统既是赋予教师权利的方法，也是教育改革的催化剂，它既可以是学校集体行为，也可以是个体自发行为。

那么，教师应该被赋予哪些权利呢？不同研究呈现不一样的结果，但可以从三个角度来考察。(1)从宏观角度上看，瑞因哈特(Rinehart)认为在学校系统中，教师可以在六个方面获得自主权，包括教师的决策参与、教师对各项工作评价指标的影响力、教师的职业地位、教师的自主性、教师学习培训的专业发展机会、教师的自我效能感六个方面。② (2)从微观角度上看，有研究认为，为了使教师对自主权的获得落到实处，必须明确教师应当具备话语权的具体事件，教师的参与权与话语权包括但不限于以下十条，如选择同事、解雇或推荐同事、评估同事日常表现、设定日常工作模式、选择领导者、参与学校预算制定、参与工资和福利政策的制定、参与学校学习计划的制订、参与时间表的制定、参与学校政策的制定(如纪律条例以及教师专业发展政策)。(3)从现实角度上看，教学系统是一个分工较为细密的系统，每一个下分的职位都有固定的人在值守岗位，这是学校一直所倡导的"让专业的人做专业的事"的领导理念。无论是从宏观、微观还是现实的角度，教师被赋权的主动性在现实中是掌握在领导者手中的，如为教师创造机会、搭

① Weidemann& Wanda& Mary Barr Humphrey. "Building a network to empower teachers for school reform." [J]. School Science and Mathematics, 2002, 102(2): 88-93.

② Rinehart& James, S. & Paula Myrick Short. "Viewing reading recovery as a restructuring phenomenon." [J]. Journal of School Leadership, 1991, 1(4): 379-399.

建的平台等。在访谈中，L 教师没有明确提到学校给予了她什么权利，但是却可以感受到学校对她的重视。

学校今年让我带了一个项目实验班，我真的很意外，因为一般的实验班都是由有经验的老教师带的，但是我们校长这次把这个机会给我，我就感觉学校对我挺重视的，我不能让他们失望。(S-T-1)

L 教师是北京市一所区级重点学校的年轻教师，执教三年，对于学校而言，任命一名年轻教师教授实验班还是比较罕见的。这一点 L 老师也在言谈中表达了这是打破学校常规的举动，试图让年轻教师承担更大的责任，在冲破常规的挑战中提升教师的专业力与领导力。这一点正好印证了最近在美国各地的公立学校中出现的教师开创性团体所提倡的合作关系中的自治发展，①这与上述研究案例共同表达了教师自主权与领导力的密切关系。

（二）被赋权教师的九个特征

"具备何种特征的教师有能力被赋权"以及"赋权后的教师拥有了哪些特征"，这看起来似乎是发生在两个阶段的不同问题。但是在弗瑞丝－伯格（Farris-Berg）对美国北部 11 所中小学拥有自主权的教师的调查中总结了渴望拥有自主权和领导力的教师通常表现出以下九个特征。②

1. 渴望拥有自主权

渴望拥有自主权是指教师希望获得自主权和决策责任的愿望。在他们

---

① Weidemann& Wanda& Mary Barr Humphrey. "Building a network to empower teachers for school reform." [J]. School Science and Mathematics, 2002, 102(2): 88 – 93.

② Farris-Berg, Kim. "A different model for school success: Empower teachers." [J]. Phi Delta Kappan, 2014, 95(7): 31 – 36.

进行自主决策的领域,他们接受并承担对结果的责任。来自华盛顿的一位中学老师吉尔(Jill)说:"如果我们所承担的这个项目的结果不乐观,我们没有权利责怪系统、学生或家长。既然我们做出了决定,我们就应该全权负责并会接受问责制。此外,这是一个基础性的起点问题,如果教师本身没有充当领导责任的愿望,那么后面的一切都是无稽之谈。"

2. 具备创新精神

渴望拥有自主权的教师更愿意尝试挑战旧事物,创造新事物并且不断调整自己适应这个过程。例如,教师会经常按技能而不是年龄对学生进行分组,致力于引导学生体验式学习。调研中的 B 中学就是在普通班级的序列中推出了自学班,这个自学班打破了年级的界限,以学生的能力为依据。如果经过评估,某一学生在某一学科具备超常的能力,那么该生可以不必参加这一学科的常规课程,学校将给予学生自主安排的权利。另外一个明显的例子就是上文提到的 L 教师作为初任教师教授实验班的例子。因此,对这一点而言,教师的创新能力能否得到发展和保持的前提是学校领导是否对这一能力的培养给予重视和支持。

3. 乐于分享共同愿景

在部分教师眼中,学校愿景是学校领导的事,与个人无关。但是在渴望被赋权的教师眼中,学校愿景是自己的事,他们渴望跟别人分享自己在这一愿景中所承担的使命和角色。在弗瑞斯·伯格所调查的 11 所学校中,教师的愿景是以学生的学为核心的,这一点在研究者调研的学校中得到一致性的证实。以学生为核心的教学愿景是教师永不枯竭的话题,例如他们会分享自己是如何从关注文本到关注学生、如何让学生听懂、如何更加了解学生等。

4. 善于合作

愿意承担领导责任的教师善于通过与他人协作实现学校的愿景,这类教师不仅具备领导才能,而且还理解普通教师渴望受到关注的心声。一位来自威斯康星州一位中学教师斯蒂夫尼(Stephanie)在描述教师的协同工作时激动地讲到"因为我们对整个事情负责,所以我们需要一起工作,这让我觉得,这是我的学校,而不是仅仅是我工作的地方。"因此,对于教师领导者而言,需要建立一种协商机制,鼓励教师通过倾听、开放、共同努力和相互尊重来实现合作。

5. 支持有效领导者

当执行自主权的教师聚集为团体时,享有教师自主权的集体将开启一种完全不同的问责结构。他们希望校长能够带领教师共同承担这些职责,而不是某一项目的领导全权承担责任。康涅狄格州的一位老师说:"因为是我们选举了我们的领导者,所以我们对他们的工作抱有强烈的信任,因为这些领导者将我们纳入到决策和困难的解决中,我们对于这一点的重要性有深刻的理解。因此,我很自豪能成为这个团队的一员。"由此可以看出,有效领导者通过协同教师集体参与学校事务增强团队的凝聚力以及成员的认同感。

6. 充分运用学习能力

这里的学习能力主要指对新鲜事物的发现能力、接受能力、思考能力以及批判能力。无论是学校的成长还是教师个人的成长,都需要得到他人的提点和帮助,尤其是作为具备现代精神的教师领导者,对知识和建议的敞开和接纳是重要的,但更重要的是对所接收信息的"咀嚼"过程,以此获得符合自我成长需求的建议,这样可以规避一味依赖专家建议的现象。

7. 避免偏执

关于偏执有两种情况:第一种情况是当教师被赋予权利之初,他们会有广开言路的意识,但是当他们对所拥有的自主权已经适应并逐渐失去新鲜感的时候,关注他人的自我意识就会下降,这时候对于教师领导者来讲就极容易陷入偏执的状态,极端的情况就是退回到英雄主义角色中。第二种情况是教师领导者的决策首先会受到同事、学生以及学校其他成员的影响,但其实他们更需要受到学区、大学以及社会的影响,从而避免陷入一种偏执的状态。

8. 学会支持和激励学生

大多数拥有集体自治权的教师使学生能够成为积极的、持续的学习者。他们还将学科问题作为学生学习的一部分,同时引入更多的社会工作者参与到学生学习中,让学生真正承担共同创造和共同执行社区规范的责任。许多教师团体根据学校使用的教学方法和学习方法来衡量学生的参与度,教师会据此进行调整,更多地了解哪些措施是有效的,哪些措施是对个人有用。他们注意到,那些得到更多关注和支持的学生更容易找到自己的动机来源。

9. 善于运用评估

学校首先需要设定衡量教师和学生绩效的目标,并根据评估结果采取行动以提高绩效。有两种常见的评估方法。第一种方法是360度评估。它是典型的过程性评价,全方位地观察受评者的品质、过程及其结果,以支持学生获得更大的成长,并着眼于培养学生的批判思维。与此同时,360度评估也用于同事之间的反思与持续指导。第二种方法是同伴评估,它的常见表现方式是观察他人的课堂教学,教学观察不是一次性的事件而是一个循环的、迭代的和互惠的过程,因此这是一个评估同伴的有效切口。波士顿Mission Hill 学校的吉耐若(Jennera)说:"设定目标和评估他人成就是对我成长最有利的两个环节,从每一次对同伴的观察和评价中我深深地思考了我在实现目标方面取得的进展并反思自己如何改进。"

(三) 普通教师的赋权意愿

当研究者花费大部分时间去探索"如何赋权"的时候,仅有少部分人在意普通教师是否愿意接受赋权的问题。美国曾经针对经验不足五年的新教师和经验超过二十年的资深教师进行调查,结果显示,超过一半的教师对学校给他们的管理任务感兴趣,23%的普通教师非常有兴趣承担学校或学区的其他角色或职责。美国教育发展的口号是"我们的目标是通过倡导创新开放政策,支持教师自主设计和领导学校,推进以学生为中心的学习。"[①]然而,美国教师的这种强烈被赋权的意愿,在研究者的调查中表现的似乎不那么明显,存在两种相反的声音。不愿意被赋权的声音响亮而且数量庞大,愿意被赋权的声音微弱而数量极少。为了避免赋权变成赋权主义,需要弄清楚哪些教师具有被赋权的意愿,哪些教师不具有被赋权的意愿,并且探究背后的原因,这会使得"如何赋权"的研究更具针对性和有效性。

关于"不愿意被赋权的声音",当研究者对一位教师问到"如果让你当

---

① 引自 www.educationevolving.org

教研组长或教研主任你愿意吗"的时候,L立即给我了铿锵有力的回答。

"不愿意!""说没有私心都是假的,我觉得教研组长这个活儿,不太好干,太耗费时间,我现在连我自己分内的事情都做不完,每天上课、备课、批卷子、处理学生琐事,连轴转,特别忙。再一个,我也的确是没有那个能力,如果硬把这个职位给我,我心里也会比较虚。"(J-T-1)

在研究者对其他教师的访谈中,80%不愿意承担教研组长的教师给出的原因都是能力不足。由此可以看出,教师自身的能力是影响教师是否愿意被赋权的主要因素。除此之外,教师对自我恰当的评估也是重要的因素,有的教师本身具备领导能力,但是由于自我效能感比较低,导致给自己的心理暗示是能力不足,无法胜任,过低评价自我与能力不足是有本质区别。因此,"赋权增能不会凭空而至,如果教师认为自身渺小、感觉不被重视,那么他就会处于自我效能感的低谷状态。"[1] 这时候的对教师的赋权就无从下手了。

关于"对被赋权表示迟疑或赞同的声音",在所调研的所有教师中,有的老师对于"是否愿意做教研组长或教学副校长"这个问题表示迟疑,认为不是不愿意承担,而是不能承担,因为受能力所限,并不具备承担这样领导职责的条件等。此外仅有一位教师坚定地给出了肯定的答案。

"让我当教研组长或者教学主任,我是愿意的,这样可以更加能够发挥自己的价值,能够在教科研活动当中发挥出自己的主观能动性,带领组员一

---

① Maeroff, G. I. Teacher empowerment: A step toward professionalization[J]. NASSP Bulletin, 1988(72).

起朝着教科研的目标迈进。"(J-T-2)

这是一个典型的例子,在之前的交谈中,研究者了解到 J 教师虽是一名普通一线教师,但是对申请课题和教学理论十分感兴趣,学校领导在资金、人力资源等方面的支持也给了 J 教师了极大的鼓舞,J 教师代表了这样一部分教师群体,他们具有创新精神和勇于当担,愿意带领更多人取得进步。

关于普通教师是否愿意被赋权的问题,我们可以从三方面探究成因。首先,教师对这一问题存在思想症结,从被访谈者的表达中可以得知,这一症结是领导能力与领导意愿的顺序问题。当具有挑战性的领导职位出现在普通教师面前的时候,教师会呈现不同程度的抗拒反应,分别是"直接拒绝"、"迟疑"、"勉强接受"和"接受"。这种相对负面程度的结果选项有些令人担忧,仔细分析便可得知其思想过程,大部分教师在面对领导职位与对应的职责的时候,首先想到的不是"是否愿意承担",而是"是否有能力承担"。我们不能说这种想法是错误,但客观地讲,这种想法是看似合理却是过于保守的。在分布式领导中,领导能力与领导意愿并无先后之分。跟随者是在践行领导力的过程中形成的领导能力,而不是先具备领导能力再去践行领导力,因此,这是对于普通教师在面对赋权问题时的主要思想障碍。

其次,对赋权的理解存在偏颇,相当一部分教师认为被赋权就意味着要承担更多的领导责任。"管理人的事情是最麻烦的事情。"(Y-D-1)"主任本身就是一个上传下达沟通的这么一个职位,下面老师虽然发声音能传达出去,能传达上去。"(D-L-1)"他说因为一旦承担了领导职责,可能相应的一些事务性工作就多了,他说可能他自己性格也是不太擅长做那些事务性的工作。"(B-T-3)在领导职位面前,有些教师的第一反应是抗拒的,在这种反应中"被赋权"与"教师权利"并没有得到应有的结合,它是阻碍教师承担领导责任以及影响教师被赋权意愿的主要原因。

最后,受教师个人特质以及价值追求的影响,有些教师热衷于课堂教学与教学研究,他们唯一需要被赋予的权利就是在一个自由不受约束的环境中进行课堂教学。因此,对于教师是否有对学校事务的参与权、决策权、教师是否应该承担更多的领导责任这样的问题并不感兴趣,如"我首先喜欢的是教学,因为到了副校长职位,可能教学的时候就没有什么精力了,事情比较多,比较忙。"(D-L-1);"我好像更愿意致力于发展自己的专业,(如果成为)教研主任的话,会有一些事务性的工作,对教学有干扰有影响。"(Q-L-1)这类教师对教学以及自己的专业有炙热的追求,而且在被访谈者中占大部分比例,这是影响教师被赋权的一个重要的客观原因。

斯皮兰(Spillane)曾经坦言,"虽然领导力是在具有正式以及非正式的领导者之间进行分配,但这并不是说学校中的每一个个体都被默认参与领导职能。"[①]其实这就涉及个体被赋权的意愿的问题,换言之,权力向所有人敞开,但并不是所有人都适合被赋权。此外,赋权是一个双向的词汇,它涉及赋权者以及被赋权者,在学校中校长和其他教学领导作为赋权者的赋权意识也是极为重要的。赋权听起来是一个严肃而又高大的词汇,但当它落实到学校层面的时候,它的表现形式是那么的具体,那些真正让教师感觉到享受了自主权并被重视的那个时刻,并不是庄重的交接

---

① Spillane, J. P. Distributed leadership [M]. San Francisco:Jossey-Bass, 2006:32.

仪式,也不是向全校通告的升职喜讯,而是在微观之处的一个意想不到的信任、一种在关键时刻的支持,这样的领导者被称为"最好的领导者"。

我遇到的最好的领导的就是现在的校长,他非常支持我的教科研活动,比如说我2016年的时候申请了一个省级课题,是关于陶行知研究会的省级课题,那我这个课题的名字是《学校家庭社会合力培养小学生——人格基础的教育机制研究问题》,这个课题得到我们学校领导的支持,学校专门花了经费,请陶行知研究会的会长副会长以及我们区里的陶行知研究会的会长一起到我们学校进行了开题活动。这个学期我们要进行对我的课题的中期评估了。我自己都没想到学校领导会这么支持我,人力、物力、财力各个方面,就冲这一点,我都没有理由不好好工作,否则都对不起我们校长。(J-T-1)

对领导者而言,真正的赋权就是支持教师去做他们想做的事,让他们的才能得到最大的发挥! 因此,赋权与否,具有何种程度的赋权意识需要赋权者与被赋权者的双向努力。

三、教师作为跟随者在系统中进阶成长

无论是领导力在学校结构中分布,还是领导者对教师群体赋权,最终都为促进教师的专业发展,分布式领导是一种实践取向的领导理论,其教学领导力的获得必定是在实践系统中展开的。因此,需要回答两个问题,在这种实践系统中,教师成长的进阶序列是怎样的? 教师如何在这种序列中获得成长?

（一） 教师在师徒关系中的进阶序列

在分布式视角下,教师的成长是一个层级化并具有渐进性特征的过程。在 PISSA 考试中上海的骄人成绩震撼了世界教育界之际,以振森(Jensen)团队为代表的美国学者开始纷纷探究 PISSA 考试背后的秘密,他们聚焦在中国教研制度以及教师如何在这种制度中获得成长,图4－2 是该团队的研究成果之一,即解释教师在师徒系统中的成长序列。

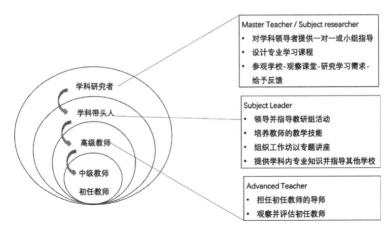

图4－2 教师在师徒系统中的进阶序列①

在振森看来,师徒制不仅存在于初任教师成长的初级阶段,更是存在于教师专业成长的每一个阶段。这一点与研究者在调研中所了解到的情况既有冲突又有相似之处。首先可以确定的是师徒制几乎在所有中小学普遍存

① Jensen, Ben, et al. "Beyond PD: Teacher Professional Learning in High-Performing Systems. Teacher Quality Systems in Top Performing Countries." [J]. National Center on Education and the Economy. 2016.

在,以帮助初任教师成长的师徒结对为主要表现形式。如青蓝计划和薪火计划,学校会以章程的方式将师徒结对确定下来并举办相关的仪式来突出它的重要性。然而,在图5-2中,这样的师徒关系是存在于教师成长的各个阶段的,这让研究者不禁反思本书的调研过程,回忆被访谈者的反应和言谈。这种反思和回忆使研究者意识到,师徒关系的确贯穿于教师成长的各个阶段,但是区别在于在初任教师成长阶段它以显性的方式确定了下来,从中级教师以后,师徒关系仍然存在,但是以隐性的、私人的以及非正式的方式确定的。前者获得了学校的重视,后者获得了个人的重视,从而构成了教师个人成长的途径之一。

从该图可以看出,随着教师专业技能的提高,教师的领导责任也在不断扩大。每一个阶段都在实行一种"反哺式"的教育,即在每一个取得阶段性进展的教师都会对低一阶段的教师进行指导。其中共有三种类型的教师,初任教师和中级教师的导师通常由具备高级职称或具备丰富经验的老教师担任。

上初中之后的这个师傅就特别好,每次我要讲公开课了我就会找他问,如果平常没什么课,我也会随时去咨询他,我的帅傅就特别尽心尽力地帮助我。(B-T-2)

因此,遇到一个好师傅,被教师认为是专业成长中的一大幸事。学科带头人的角色相对于高级教师而言,承担了更多的领导责任,如领导教研活动、培养教师的专业技能、组织开展专题讲座等,这首先是学科带头人个体对教师群体的领导,但是在另外一方面,学科带头人也对高级教师的成长负责。如果教师上升为学科研究者,那么他的工作领域就会由实践向理论有所偏重,如对教学研究、课程研究等方面对教师团队进行专业指导,并调研和参观学校、参观课堂,研究学生的学习需求,形成研究成果,并以教师乐于接受的方式进行知识转移并促进其吸收。

(二) 教师在成长序列中的上升途径

无论是振森团队的研究结果,还是笔者的访谈发现,二者的基本共识是承认师徒关系对教师成长的重要作用。那么对于教师个体而言,如何在这种进阶式的关系中实现自我成长是一个具有挑战性的问题。分布式领导认为,任何教学领导力的获得都发生在与他人交互的实践系统中。此时,需要注意的是对实践的理解。实践是一种自觉的有意识的活动,不是只有"做"了才是实践,有意识有目的的"记"和"思"也是实践。根据本书的研究资料以及调研结果,研究者总结了教师获得成长的三种有效的实践途径,即在记中学、在做中学、在悟中学。

1. 在记中学

在"记中学"是教师成长的起点,也是教师成长中容易被忽视的环节。根据知识分类理论,事实性知识是学习一切新知的基础,似乎那句"好记性不如烂笔头"已经被互联网时代的浪潮冲刷殆尽。但这里的"记"不限于记录的形式(纸笔记录,电脑记录等),更在于一种随时随地记录的意识。对每一名教师而言,对所教课本教材的理解就涉及大量事实性知识。"根据智力系统的特点,似乎最自然不过的看法是,记忆与知识系统密切相连。"学习事实性知识的主要目的是为了记住它,而记忆最大的敌人就是遗忘,因此事实性知识的特点决定了它的记忆方式,即重复训练与反复记忆,教师为何要写教案,教案为何要不断地修改,其原因就在于此。

有一次让我特别感动,影响比较深的是,以往我们可能教高一的初始年级都不是特别用心,尤其像他年纪这么大的老师,基本上像我们年轻教师,我们学校是要求手写教案,但是这一次我也教高一,正好跟她同年级,我就发现他是手写教案,那么大年纪的老师还手写教案,而且我在看到他都是在原教案基础上重新有删减批注的那种,而且选取的内容是最新发生的素材,这一点就是让我觉得真是挺佩服的。(B-T-3)

许多教师都认为,像写教案这样的事情应该适用于初任教师。殊不知,这是那些在教学上有建树的老教师一直坚持的方法。其实,写教案－修改教案的过程是对事实性知识的记忆,但是实际上已经超越了这一点,因为这个过程不断渗透着、涌现出对一种自我与文本交互的理解。这是上文有经验的老教师用自我言行所传递出来的对教学的理解,它唤起我们对这种传统的已经被忽视的学习方法的重新认识。

2. 在做中学

在"做中学"是从输入到输出的行动阶段,它是多种教育理论的交汇点。首先,从知识分类的角度来说,如果说事实性知识是关于"是什么"的知识,那么方法性的知识是关于"怎么做"的知识,如果方法性的知识不能被用于新的情境,它概念的外延就类似于能力和技能的知识,那么这样的知识就没有体现其应有的实用价值。[1]其次,"做中学"是杜威实用主义教学理论的主要倡导观点之一。他认为,所有学习都是行动的副产品,所以教师都要通过

---

① [美]B.S.布卢姆.教育目标分类学(第一分册.认知领域) [M].罗黎辉等,译.上海:华东师范大学出版社,1986:28.

"做"来促进学生思考,促进自我成长。最后,"做中学"关乎分布式领导的实践交互系统,这是一种多主体的交互,包括师徒交互、师生交互、同事间交互、上下级交互等,它越来越成为当教师关注的焦点。

我现在觉得很多具有理论的人,没有让他们在实践中打磨是不行的,就跟对待学生一样,光让他知道那些理论,不知道怎么用,还是不行的。我的所有课都是敞开的,都让他们随时来听,因为我做了一个对比,我有两个徒弟,一个经常听我课,一个不经常听我课。经常听我课的那个老师,他带的班成绩就相对来说比不经常听我课的老师要好很多,因为我也是从年轻老师上过来的,我觉得老师成长最主要还是激发他内在的动力,他对教育事业的热爱。(Y-L-3)

听课是师徒之间互动的一个实践环节,是师徒之间产生交流的载体,如果没有具体实质的内容,一切交流都是空谈,但是如若认识清楚"听老师教课"的本质,那么就可以由此进入教师成长的快速通道,正如上文的对比性案例,经常听课的徒弟比不经常听课的徒弟所带班级的成绩要好得多,这是师徒之间实践性交互关系产生的作用。

师生学习绝对是一个反复的过程,这也是为什么我一直都要去最好的高中教课的原因,我觉得遇到更优秀的学生,他给你的反馈是不一样的,因为教学相长,他给你带来的成就感会激发你对教学的热情。我每次指导学生写论文,我跟他们写什么,指导一下,学生写完再修改一下,立马就能发表。任何人都希望能把自己的本质力量对象化,这是马克思说的,换句话说就是你付出努力,都能看到成果。所以怎么激发老师的教学热情?就是让他及早的在实践中体验到这份愉悦,在他自己的理论学科中把握教学规律,

从而把他自我的本质力量对象化。(Y-L-3)

学校是一个圆圈,学生是这个圆圈的中心,教师是支撑这个圆圈的圆锥点。因为有了教师的存在,学校变成一个菱形的圆锥体,教师是师徒之间、师生之间、同事之间的重要主体。师生之间的"教学相长"是促进教师成长的另一个日常途径,师生间的教学相长对教师而言将是巨大的成长财富。但这一财富取得的关键在于教师是否具备这种自觉的意识,是否能够感受学生对自我的促进力量。

3. 在悟中学

在"悟中学",是教师进行反思的阶段,严格来讲,反思是一种意识,而非一种规定。课堂教学中的鲜活实例、同课异构中的鲜明对比、身边教师的成长差别都是教师应该留心观察并进行反思的重要内容。反思是教师反观自己的一面镜子,可以从中看到自己的问题,它是个人成长以及教学理论成果产生的有效途径,当谈到教研活动如何对教师产生有效影响时,C校长语重心长的讲到。

其实,教研活动是很灵活的,不是你专门拿时间出来搞的叫教研活动,上课之前往前多想一点;备课的时候认真思考,上完课后写个教学反思,这不都是教研吗? 总而言之,就是要有这种思考的意识,勤动手的时候也勤动脑,把它写下来,日积月累,一定有成效。我在一次教职工会上跟大家说,忘了是哪个教育家说过的话,"你写三年的备课笔记肯定成不了名师,但是你写三年的教学反思,你绝对可以成为一名名师。"我以前在的学校,大家最后的教学反思拿出来都是小论文,然后一学期都能总结好几篇特别有见地的文章,因为都是从他们自己的经历中提取出来的观点! (Q-H-1)

C校长的言谈提纲挈领的讲到了教学反思的重要性,其中"备课笔记"与"教学反思"作对比,其实"备课笔记"是本部分所提到的在"记中学",这是教师成长不可绕过的基础性阶段。但是显然从量的积累到实现质的飞跃有两个途径。一是量的持续积累(传统路径),二是关键事件或有效行为的介入(捷径)。教学反思就是教师在实现量的积累到质的飞跃中间的有效行为。

任何知识的积累以及个人的成长都是一个渐进的个性化过程。不存在一个客观的标准表示教师应该在看多少本书、上完多少节课之后才能取得质的飞跃,关键在于教师心中应该存在一种自我驱动力,然后清楚这一渐进的成长过程,强化对"因"的付出,弱化对"果"的期望,当教师的阅历积累到一定程度的时候,这种渐变就会在不知不觉中发生,教师会产生豁然开朗之感。

第五章　校本教研中的主体关系及其边界

校本教研各主体在理想状态中分别承担着这样的责任:校长是教研制度的顶层设计者;教研组长是教研活动的引领者;教师是教研活动的实践者,各自之间权责明确、边界清晰。但是在实践中校长的过分干预、教研组长的职能错位以及教师自主性的消减加剧了校本教研的实践困境。分布式领导对"领导者"与"追随者"的关系有着独特的理论主张,它对校本教研主体实践边界问题而言有"拨开云雾见天明"之作用,在分布式领导视角下,领导者与跟随者的身份实现着太极般刚柔相济的转换,为了更好的描述这种微妙的变化,本章最后一部分将在案例中呈现这种变化所带来的可见效应。

一、校长等作为领导者角色的消隐

领导者成功的例子大都遵循一个相似的结构,一个具有超凡魅力的领导者,他们艰苦奋斗,建立新的目标和期望,尝试具有挑战性的领域以谋求发展。这个领导者创造了新的组织管理和结构,随着时间的推移,逐渐改变了学校的文化,提高了教师的满意度以及对学生学业成就的期望。[①] 然而,英雄主义领

---

① Spillane, J. P. Distributed leadership[J]. The Educational Forum, 2005, 69(2): 143

袖（heroics of leadership）的时代已悄然逝去，领导者在履行领导职能的同时，越来越倾向于成为走在跟随者后面的那个人。

（一） 影子领导者的显性职能

本书中的校长包括学校正校长和副校长。正校长对学校的整体发展负责，副校长对学校的某一个领域负责，如教学副校长主管学校的教师发展与学生学习工作。基础教育阶段中小学的核心指向是教师的"教"和学生的"学"，但二者的关系不是并列的，而是通过教师的"教"促进学生的"学"。因此，教师作为中坚力量，其教学专业水平成为学校关注的焦点，如何通过教学教研活动来提升教师的专业技能是领导者的努力方向。

在当前的教育领导力的文献中存在一个有趣的悖论：在创建学校文化的过程中，校长被视为提升教师领导力的关键人物。然而，只关注校长在转型中的角色不能够充分描述一个学习型社区的协同作用。[1] 孤独的英雄不再是一个学校领导力的可持续模式，在鼓励教师承担更多的领导角色的过程中，校长的角色尤为重要。巴斯（Barth）仍然得出这样的实证研究结果，"校长要么是教师领导的支持力量，要么是阻碍力量，其原因在于校长仍然是教师领导者中拥有最大权力的那个人。"[2]正如本书第三章第二部分提到的混合型结构一样，再扁平的分布式领导结构，终归会指向一个总负责人。

---

[1] Cherkowski& Sabre& Willow Brown. "Towards Distributed Leadership as Standards-Based Practice in British Columbia. "[J]. Canadian Journal of Education, 2013, 36(3): 23 – 46.

[2] Barth, Roland S. "Teacher leader. "[J]. Phi delta kappan, 2001, 82(6): 443 – 449.

然而,"校长与教师已经形成一种与过去截然不同的工作关系。"①如今,校长的决策权中融入了教师的参与权、教师的专业发展的背后是校长的影子领导。这是现代学校所提倡的校长与教师的关系基调。但是受地域差距、领导者素质、教师水平等多方面因素的影响,这一基调的落实效果具有程度上的差异,产生差异的原因与校长本身特任特质和领导水平具有直接或间接关系。

根据莱兹伍德(Leithwood)的一项关于影响力的研究中,提到了领导者在分布式领导实践中所负责的领域以及职能,②这个研究框架与笔者在调研中所获得的经验材料在维度具有相似性,校长在学校管理层面的支点作用推动他向影子领导者的消隐角色转型。

1. 设定方向

领导力的一个重要作用是帮助群体发展对组织、活动及其目标的共同理解,这些理解可以巩固目标感或愿景。为学校的发展设定方向是校长职责的首要任务,而民主决策则成为这一过程的重要环节。这一环节的重要表现就是教师的意见被纳入校长决策的必要过程,这是民主参与的一部分。根据对教师的访谈可知,几乎所有学校(涉及城市和乡村校、市县级重点校和普通校)在组织机构上都设有"教师代表大会"简称"教代会"。从总体上看,学校设置相关组织,实现教师的民主参与,但是在落实效果上则参差不

---

① Hart, A. Work redesign: A review of literature for education reform. In S. Bacharach (Ed.), Advances in research and theories of school management [M]. New Haven, CT: JAI, 1990.

② Leithwood, K. & Mascall, B. & Strauss, T. Distributing leadership to make schools smarter: Taking the ego out of the system [J]. Leadership and Policy in Schools, 2007, 6(1): 37-67.

齐,在调研中,不同地区不同学科的两个老师的谈话反映了这一点。

我们学校领导要是做什么决定,还都是比较重视大家意见的,我们有"教代会"。一般流程是这样的,教师代表一般先分组给我们开会,搜集意见,然后把各个年级的意见汇总在一起,再交到上面去,他们开会的时候就来讨论这些意见。如果有的建议大部分领导都赞同,就会通过,但如果是没有代表性的少数建议就不会通过。(S-T-1)

我们学校有教职工代表大会,都是教师代表去的,我没去过,也不知道他们每次讨论的是什么。我唯一有印象的一次是关于"教师工资改革"的事,领导也没说什么,就发下来几页纸,让我们填表,而且都要求我们填同意,我们也没想那么多就填呗。但是有几个老师问了我们教学主任说,"怎么都不跟我们讲讲,就让我们填同意啊?"教学主任给的答复是"反正涨工资是好事,何必跟自己过不去呢,给你讲完你还能填不同意啊。"(S-T-2)

"教代会"作为教师民主参与的组织,在笔者调查的大部分学校中均有存在,但是正如以上两段具有代表性的回答一样,其落实效果却大相径庭。在有的学校甚至是相当数量的学校里,"教代会"的落实只是流于形式。S-T-2 的言谈很遗憾地表明,"我们有教学代表,只不过他们不代表我们。"而对于"工资改革"的事件,即便校长是否提前向大家解释不会影响结果,但是这对教师所应有的知情权和参与权而言是"有"和"无"的本质差别,这会对教师的工作积极性造成严重的影响。早在 20 世纪末,就已经有研究者提出"与教师共同创建愿景可以强化教师对实践这一愿景的行动。"[1]S 学校的民

---

① Conzemius, A. Ally in the office [J]. Journal of Staff Development, 1999, 20: 31–34.

主参与就不是一纸空文,其基本流程的制定和实行,让教师感觉到自我建议的重要性,学校的发展方向是大家共同确定的,这是所有成员共同努力的动力。"基于目标的人类动机理论,人们可以感受到他们受到所设定目标的激励,并在工作环境中找到认同感。"①其具体做法有:识别和阐明愿景、促进团队目标的接受、促进有效沟通。这一切能否落实以及落实的程度与校长的领导能力以及个人特质是有直接关系的。

2. 培养人

与"设定方向"相比,对校长而言,"培养人"一直是一个有难度和挑战性的问题,虽然明确共同愿景和令人信服的组织方式对教师的工作动机有很大贡献,但这并非激活教师工作动机的唯一方式,因为教师工作动机同样也会受到组织成员与领导角色的直接经验的影响。有证据表明,领导者通过对教师个人的关注,可以有效提高教师的工作热情和乐观程度,减少挫折感,传递使命感,间接提高绩效。② 这个结果表明,尽管统一的培养计划对群体的发展很重要,但更需要是给予教师因材施教的个性化支持。在访谈中,教师的言语透露出校长在细微之处对他们个人的培养。

我们每天早上都有早读课,然后我们学校校长每天早读课的时候都会从窗外走来走去。有一天校长在班级门口示意我出来,我心里还挺紧张的,以为我们班班级卫生和纪律出了问题。就在我胆战心惊的要接受批评的时

---

① Pittman, T. S. Motivation. In D. T. Gilbert, S. Fiske & G. Lindzey (Eds.), The handbook of social psychology (4th ed.) [M]. Boston, MA: McGraw-Hill, 1998: 549 – 590.

② McColl-Kennedy, J. R. & Anderson, R. D. Impact of leadership style and emotions on subordinate performance [J]. Leadership Quarterly, 2002, 13(5): 545 – 559.

候,他从手里面拿出来一本有关语文的书,"这本书我专门送给你的,你有时间好好看一下。"当时我内心感触挺大的,因为从来没想到我们学校的大校长会这么细心,这么关爱一个年轻教师。其实那就是一本普通的教辅书,但是对我而言却如获珍宝,我之后特别认真地看了好几遍,你知道,这要是我自己买的,可能早就扔一边了。(J-T-1)

这是领导者对个人关注的典型案例,该教师在已经准备好被批评的情况下,得到校长的一本书,对她而言,这本书已经超越的了书本身所承载的价值,这包含了校长对她的关注和重视。尽管在理念上学校会说教师是学校发展的中坚力量,但实际上学校中的普通教师很容易没有存在感,因此,学校领导对他们的关注极为重要。值得注意的是,除了"个人关注"之外,校长"以身作则"也是培养教师的一种方式。

我们校长在很多年前说过一句话,我觉得特别有道理,他说"文凭有保鲜期,知识有是有折旧率"。这不是说,你的知识和文凭没有用,而是有期限的,所以就要保持不断向别人学习的心态,不要觉得自己什么都行。我觉得特别有哲理,而且他也确实做到了以身作则。比如说学校在做一些决策活动的时候,他从来都会听取老师的意见,他现在抓教学抓得也比较紧。他是一周要开一次教研组长的会议,然后各个组的情况就是要了解一下老师们有什么想法,当然也许老师是站在老师的角度去想,领导要从领导的角度去统筹一下,但是校长特别体谅和理解教师这一点,我们是都看在眼里的,所以教师们也都特别理解校长。(J-L-1)

校长说的这句话,J-L-1 老师已经不记得是多久以前说的了,但是对于这句话的内容却铭记在心——文凭有保鲜期,知识有折旧率,原因何在? 也许这位校长只说了一次,但是几十年如一日地在用行动来以身示范。如果文凭和知识都是有限的,那么不断地向别人学习和听取意见就是让自己持续进步的有效方式。因此,为了有效培养人,校长可以通过向教师提供个性化支持、用自我行动引导教师建立适当的价值观以及表彰或是肯定教师的专业知识来促进教师领导。[①]

3. 重新设计组织

成功的教育领导者将他们的学校定义为支持教师和学生发展的有效组织。最近有关学习型组织和专业学习社区的研究证据表明,这类领导实践已经出现。[②] 学校的努力方向就是有效学习组织的建立,学校的教研活动是教师专业学习的雏形。作为校长,他们关注的重点就是修改组织结构并促进教师建立有效的协作过程。如下文 J 学校"分工下的二次备课"就让教师在分工中学会协作。

我们学校的教研活动是分年级的。高一、高二、高三单独每周一次两节课的时间集体备课,一个月的时候会有一个全校的大备课。然后年级的单独备课就是分配备课任务,比如说必修一的课文。这一周就是两位主备教师,他俩给这所有的老师讲这两节课应该怎么上,然后下一周有下一周任务,然后每一个人背完课之后,集体再商讨一下,发表一下自己对这节课的感受。当然,每个班级的学生层次不一样,所以教学目标也就不一样。这时

---

① Childsbowen D, Moller G, Scrivner J. Principals: Leaders of Leaders. [J]. Nassp Bulletin, 2000, 84(84):27-34.

② Leithwood, K. & Leonard, L. & Sharratt, L. Conditions fostering organizational learning in schools [J]. Educational Administration Quarterly, 1998, 34(2): 243-276.

候,许多老师就会进行"二次备课",就是在原有备课方案的基础上对自己的教学情况进行调整,然后大家再聚集在一起讨论。(J-T-1)

J 学校在教研组织上的设计实现了三方面的目的:一是保证了教学进度;二是减轻了教师的备课负担;三是通过二次备课实现教师之间有质量的协作与互动。通过重视合作的文化氛围,来支持"重新设计组织"的概念。[①] 重新设计组织的过程就是校长与教师分享领导权力和责任的过程。[②] 可见,学校教学活动组织架构的重要性。

我们学校还是挺注重教师的继续教育的。学校为我们老师提供了很多课程和资源,比如每学期每个老师都要完成继续教育这方面的课程,有面授的课程,还有远程的网课;然后区里会组织一些培训,学校就鼓励教师进行外出培训;关于课题方面的问题,学校会请专家驻校指导,我们课题方面的任务课题很多,每个老师基本上都会参与一两个课题研究。学校没有硬性规定,只是教师评职称的时候会用到这方面,而且如果你承担课题,上面就会给拨款,所以大家积极性都挺高的,因为要是别人有课题,你没有,面子上也有点挂不住。(S-T-1)

S 学校关于教师专业发展的内容架构是较为丰富的,分为面授与讲授的形式,并以教学研究或以课题研究为目的,通过学校文化氛围的营造来带动教师学习的积极性,为教师的继续学习搭建多样平台,这是学校完善的教学组织架构给教师带来的益处。

---

① Bishop, H. & Tinsley, A. & Berman, B. A contemporary leadership model to promote teacher leadership [J]. Action in Teacher Education, 1997, 19: 77–81.

② Barth, R. Teacher leader [J]. Phi Delta Kappan, 2001, 82: 443–449.

4. 管理教学项目

在中小学,学校各部门分工都相对明确。在正校长带领大家确定好学校发展走向以及相关重大决策之后,学校会将任务进行划分,分别由不同的领导进行分管。例如,教学领域是学校发展的重点领域,通常会由1–2名教学副校长进行专门管理(教学副校长人数视学校规模和管理模式而定)。他们负责教师专业发展、教学计划的制定和实施、教研活动的开展、学生管理与评价等一系列促进学校教学改进的工作。如 B 学校在对学生的管理与评价中实施的"过程性评价"成为学校教学评价领域的一大特色。

我们学校是一个特别传统特别保守的学校,唯一有点创新的就是一直以来坚持的"过程性评价",它记入学生的终身档案。每个学科都会有作业,然后我们老师就会每天给每一个学生打成绩,用 ABC 的方式,然后输入到系统(学校找了专业机构,为我们做了这个平台系统)中,例如,这半学期下来,我们语文一共留了 34 次作业,他得了多少个 A,他就能够得十分的作业满分,他得多少个 B 然后就会被扣掉多少分,然后得 C 也会被相应的扣掉多少分。平时的这个成绩最终会被统计到我们最终的考试成绩当中,如说期末成绩 = 试卷成绩 + 平时成绩。这样一来,学生就相对好管,老师不会花太多的精力放在学生的作业和平时表现上,因为凡是上进的学生都知道应该怎么做。(B-L-2)

"过程性评价"也还应用在学生个人素质的量化评价中,各个学科老师都会根据这个学生这一学期的综合表现给分,每一个学科老师有 1 分的赋分权,班主任有 10 的赋分权,班主任的权力要大一些,因为班主任对学生的了解会比其他老师更全面一些。满分是一百分,学生的分数可以超过 100 分,超出 100 分的那部分分数可以用在其他的学习评价上。不管是班主任还是任课教师,他们除了给分数之外还要在评价中写依据,来帮助学生改进,每学期期中会进行总结,期末开会时会对这学期整体进行评价,老师会在汇总之后,分别找学生聊,为什么给这个分数,有哪些优点,有哪些地方需要改进。(B-L-2)

该校巧用"过程性评价",分别体现在学生的学业水平测试以及学生个人素质评价中,这是学校在设计教学架构上的明智之举。学校领导深知可靠的标准化操作程序对有效性组织所做的重要贡献。首先,"过程性评价"打破了评价的主观性弊端,使学生得到相对客观的评价结果。其实任何一种评价都会不自觉的带有主观性,如果完全没有主观性的评价也就不能称之为评价了,但是 B 校的过程性评价引入全部学科教师,通过分数赋权保证评价的客观性。其次,培养学生自觉约束自我行为的意识,与此同时也减轻了教师的管理负担,当平时表现纳入到期末成绩乃至终身档案的时候,学生就会自觉约束自我行为,当然对于个别学生,教师还是要进行适当的心理疏导、激励或者适当地惩罚。最后,客观评价不是学校追求的最终目标,学生的进步和发展才是学校追求的最终目标,量化分数只是作为教师衡量学生表现的手段,教师会凭借这一手段对学生进行真诚的肯定以及个性化指导。

毫无疑问,校长是学校顶层设计的领头人。在组织架构、培养教师、管理教学项目等方面的落实集聚了各方的意见,这种领导力的聚合与分散的过程背后是领导视角从自上而下转变为自下而上的过程,从而使得分布式领导在无形中成了"备受青睐的领导战略"。①

（二）教研组长作为平等中的首席

有研究者对几所相对成熟稳定的中小学教师做过问卷调查，"在特优教师、教研员、校长、教导主任、教研组长、年级组长、班主任、普通教师、学生、家长等角色中，对你专业成长影响最大的人是谁？"各校反映情况虽然有差异，但是其中教研组长普遍排在重要影响人的前两位。② 由此可见教研组长在普通教师专业发展过程中的重要作用。

1. 从"教师本身"到"教学本身"

教研组长在学校中是一个比较特殊的角色，从校长的角度看，教研组长是学科建设的带头人、领导者，从普通教师的角度看，教研组长是他们成长的引路人。在参与访谈的众多教师中，在提到教研组长的时候，他们反应是"那是我师傅"、"她性情特别温和，知心大姐姐一个"、"课讲得特别棒，我们都挺服的"。尽管教研组长也承担着一些上传下达的工作，也需要承担对教师的教学管理责任。但是当研究者问到"组内成员把您当领导看吗？"的时候，这位教研组长给出了如下回答，

我感觉不会，有一次，他们私下跟我说，"现在我们组里的年轻人对你都有一些依赖，什么事都跟你说。"因为有一些找朋友的或者说有家庭矛盾的都要找我聊一聊。我们组每次进一波老师，我就会跟这些刚进来的老师说，

① Hatcher，R，"The distribution of leadership and power in schools"［J］．British Journal of Sociology of Education，2005，26（2）：252．

② 罗刚淮．教研组长应该成为教师成长的导师［J］．中小学信息技术教育，2015（5）：38－40．

咱们在学校工作的时间其实比在家里待的时间要长,所以聚到一块不容易,你们有比我大的,也有比我小的,我们这就是兄弟姐们,我们就是一家人。可能也是我性格比较好相处的原因,他们有什么话就都会跟我说,所有有时候处理完组里教学的事,闲下来了就会处理他们家务的事。有的老教师说我,你看你当个组长就跟当爹当妈的一样,我说我习惯了,反正他们也愿意跟我说,我就愿意听。(R-L-1)

这位教研组长是该学科的特级教师,可以算是专业上的领头羊。她以一种真诚不做作的方式为组内营造了一种和谐的学习氛围。她的出发点是"教师本身",努力拉近彼此之间的距离,让老师心情放松、愉悦;其落脚点是"教学本身",只有拉近个体之间的距离才能增加团队的凝聚力和向心力,使之全身心投入教学工作。在访谈中,她阐述了这样做所收到的意想不到的效果。

我觉得这种融洽的关系还是非常有助于教研活动的开展,组内的老师都特别支持我工作,我一说什么,就有那种一呼百应的效果,而且不是表面上的,大家真的特别卖力地干。我没有像别人那样花精力去管理他们,大家身份都是平等的,谈不上谁管理谁,我就是多花了精力去关心他们。虽然别人说,你这组长当的别人都不把你当领导,当然我自己也没有感觉自己是领导,我就觉得如果我能成为一个专业方面的领头羊,我就觉得很好了。(R-L-1)

她自称自己没有管理天赋,也做不了领导。但是在她的事例中,却以非常圆润的方式完成了领导和管理工作。她让自己的领导身份消隐,以与教师平等的身份或家人的身份走近教师的内心,这无意成为教学领导中的润滑剂。这样的教研组长无论在专业水平还是领导能力抑或是人格魅力方面都会给教师的专业生涯留下投影。

另一方面,对分布式领导的考察可以从教学领导者(如教研组长或教学主任)的行政化程度来进行,也就是说教研组长的领导行为是否体现行政化色彩。在回答"你是否把教研组长当作行政领导来看待?"这一问题时,作为教研组长的 J 自我评价到"我觉得教研组长和行政领导还是有区别的,行政领导总是有点高高在上的感觉,教研组长更多的是把教师组合起来,围绕着教学目标,共同来进行教科研活动,教研组长和教师之间的关系是平级的,至少我是这样认为,也是这样做的。"另一位具有三年执教经验的教师说道,"教研组长是我师傅,我也不把她当作领导,我们组的同事也没把她当领导看。因为她是一个特别温和人,她不只是对我温和,她对所有人都温和。我觉得可能跟她的性格有关,她跟我们在一起的时间比较多,她也很愿意帮助年轻人,所以大家有问题都去找她,我大部分的关于教学的困惑都是在她的帮助下解决的,所以对她也很感激!"在被访者眼中,教研组长与行政领导是两个概念,几乎所有被访谈的教师都表明他们的教研组长平易近人,没有架子,大家愿意跟这样的人敞开心扉,进行思想的碰撞。在分布式领导的理论中,这是尤为关键的两点,即组织结构的扁平化以及领导者的去行政化。

2. 教研即分享与碍于面子的评课环节

教研组是学科建设的主战场,教研组长是学科建设的引领者。一般而言,从引领者的思想就可以判断出教研组的发展状态,教研组长在教师的专业成长中起着指向标的作用,有人说教研组长是学科组的能量源和摆渡人,如果长期摆一条路线,游客厌倦了,那么这个摆渡人就要去开辟新的航线,让游客欣赏不同风景。① 但在现实情况中,因此,如何让"游客"欣赏旅途的风景是"摆渡人"的职责和能力所在。

教研活动是一个非常重要的教学活动,我们一直在说课堂是教学的主渠道,所以我们做得比较多的就是"说课——磨课——讲课——听课",面对这么多老师在一起搞教研,你要是按照"一刀切"的办法去搞就不行。后来,我就发现每个老师都有她自己的特点,就按照老师那个特点去培养他。比如说有的老师来自于农村,对于生物学科来说,它就一个得天独厚的经验,因为他实际应用性的东西比较多,然后我就引导他致力于一点——理论联系实际,最终的教学目标就是让学生觉得学到的东西有用;再比如说,有的老师动手能力比较强,每节实验课的时候,我们鼓励那些老师去分享他们在动手操作方面的心得。所以我们每一次的教研活动就是一个分享活动,老师们都是在无私的奉献,我很受感动,因为学校有很多平行班,每次在大型考试的时候这些平行班是会排名的,名次的前后跟任课教师的个人利益都是直接挂钩的,但是你能感觉到,每一次教研活动,这些老师真的都是在无私的奉献,没有任何保留。(R-L-1)

这位教研组长作为教师成长的"摆渡人",她的角色当得非常巧妙,她所带领的教研活动是有结构和设计的,整个教研活动以教师的个人特长为"支点",以合作共享为"聚合点"。第一步,教研组长先定好基调,即将教师自身特点转化为优点,引导个人发展自己的特色和优势;第二步,当每个人都能找到自己在学科中的特长时,教研活动的重要性就得以凸显了,它变成了

---

① 罗树庚. 教研组活动:从"卷入"走向"深入"[N]. 中国教育报,2018 – 06 –06(5).

教师群体分享个人特长的平台,老师们迫不及待的分享自己偏重的特长,彼此交流经验。除了教研活动的结构,它还包括很多细节,如"说课—磨课—讲课—听课",这个过程中的最后一环是评课,这是一个非常考验教研时效性也是考验教研组长能力技巧的环节。

评课的时候老师们不愿意讲缺点,怕得罪人,不好意思说。然后我就让讲课的老师尤其是青年老师,主动地去联系有经验的老师,让他们谦虚一点去求教。有时候要是有很多人在场的情况下不好说的话,私下交流对双方可能都比较好一点。(Q-L-1)

评课环节在很多学校都难以保证真正的时效性,原因有二:一是同事之间关系较近,碍于人情颜面,很难讲出批评的言语,如果从朋友的角度上来讲,可以理解,如果从同事的角度上来讲,则不被理解,所以如何处理二者身份的转化是个关键。二是,倘若教研组长没有及时纠正,那就等于变相的助长了这样"只说好话"的评课气氛。但是上述教研组长,采用另外一种委婉的方式,鼓励新教师私下主动问老教师意见,以此获得成长,但这样做的隐患该策略在表面缓解了这一局面,但是实际上这一问题仍然存在,教研活动的氛围仍然保留了教师之间的人情颜面,这是很多学校面临的现实问题。

因此,"平等中的首席"或许是对理想的教研组长这一身份的最好描述。在教研活动中,他们具有决策权,但从不一意孤行,他们具有领导力,但从不让人感觉到他们是领导。每一个教研组长都是该学科的带头人,从教研活动的顶层设计到细节实施,他们总是从教师的视角出发引导教师成长。

（三） 师傅被视为成长中的指路人

师徒制是古代手工艺传承的一种方式,后来延伸到教育领域。在现代学校中,常常采用有经验的教师与初任教师结对的办法, 对初任教师进行个别辅导。① 这是一直沿袭下来的传统,几乎每一个教师都是在师傅的"传、帮、带"中成长起来的。

1. 先承认他,再指正他

挪勒斯(Knowles)等人认为,最高形式的领导力是释放他人的能量,他们假设一个人对决定的履行与参与决策的机会呈正相关。如果一个领导者鼓励一个人以她或他最擅长的方式工作,那么这个人就会具有比没有这种鼓励更强的干劲儿。② 蛮斯(Mans)认为最优秀的领导者是能够带领他人领导自己的领导者。③

我的师傅实际上是我高中的老师,我认为他对我教导是我成长比较快的一个重要的原因。有一次学校领导说近期可能会随堂听课,师傅就说让我好好准备,我确实准备了,但那节课让我上砸了,我当时特别紧张以至于乱了方寸,我感觉自己特别失败,我不是谦虚,是真的失败,后来师傅就走上前来,我当时头都抬不起来了,他却说了一大堆优点,说什么就教材理解的

---

① 陈桂生. 且说初任教师入职辅导中的"师徒制"[J]. 湖南师范大学教育科学学报,2006(5):38-40.

② Knowles M S , Iii E F H , Swanson R A . The adult learner the definitive classic in adult education and human resource development[J]. Industrial & Commercial Training, 2005, 45(7):107-109.

③ Manz, C. C. & Sims Jr, H. P. Superleadership:Beyond the myth of heroic leadership [J]. Organizational dynamics, 1991, 19(4):18-35.

到位,设计的有特色,还都给我举一些具体的例子,我渐渐有点放轻松时,他轻描淡写的说了一句,要是增大课容量就好了。其实这一点我是知道的,因为离下课还有 10 分钟的时候,我就把我准备的都讲完了。但是我师傅就特别轻描淡写地把这句话带过去了,可我知道最后一句才是最重要的。这件事对我的影响特别大,以至于我后来自己带徒弟都是这样的风格——先承认他,再指正他。放大他的优点,然后再说缺点,我觉得成长中关键因素就是培养你的自信。(J-L-1)

在教师专业成长的初期,自信比正确更重要。初任教师处在专业发展的上升期,但往往也是迷茫期,师傅的风格将会在他们的成长过程中留下很深的印记。因为教师的身边不缺乏榜样的案例,但是那些榜样都离他们太遥远,影响力有限,如果这个榜样就在身边,就在跟他们朝夕相处,教师就会目睹这个亲切称之为师傅的人的一言一行,目睹他们的踏实刻苦,目睹他们从普通到卓越,如何一步一个脚印成长一起来的过程,那么这种影响就是终身的。每一个教师身上都会有师傅的影子,正如(J-L-1)一样,她的师傅用这种方式米带他,她就会用同样的方式带她的徒弟,这就是师徒之间的代际影响。

2. 弟子不必不如师

如上文所述,师徒制是古代手工艺传承的一种方式。但是在文字表述上古今略有差异,在古代是被视为"师父",在现代被视为"师傅",这在意义上是有本质区别的,"父"代表着一种地位,需要仰视、崇拜和遵从。现如今,"师傅"与"师父"拥有同样的培育弟子的责任,弟子对师傅也有同样的尊敬。但是,古代师徒之间的距离感在当今师徒制中消失了,其身份地位的边界意识也变得模糊了,这在某种程度上为师徒之间知识的共享以及合作交流开辟了渠道。以下被访谈者就从不同的角度描述了徒弟带给师傅的启发。

我们学校会开展智慧校园,就是鼓励老师用多媒体设备上课。我之前带过一个徒弟,他就在这方面特别厉害,上课的时候,用这些多媒体设备随手就能画个圆,凡是你教学中能用到的任何形状或是工具,他都能用多媒体或者特别炫酷的软件代替,这一点就很吸引人,而且这不是特例,我们学校新进来的老师大多数都有这方面的优势。他们会虽然年轻没有经验,但是他们的学习劲头特别足,而且有的会带来一些新的东西。真觉得一个时代的人有一个时代的人的优点,就得相互学习才能不被淘汰。(S-T-1)

上述案例充分说明了"什么是教学相长",教学相长的影响力是双向的、互动的,它打破了师徒制一元主体论的统治地位,正如"弟子不必不如师,师不必贤于弟子,如是而已。"这就是分布式领导中所提倡的超越了身份、等级、头衔的影响力双向互动。

综上可知,一方面,从本部分的论述结构看,是校长、教研组长、师傅等不同身份的人对教师的影响,将这个结构回扣到分布式领导,则是领导者对跟随者的影响。但是在教师的口中,他们无论如何也无法把教研组长和师傅视为领导者,就连学校校长也很少把自己放在突出的位置。诚然,现实中各个学校真实情况各异,即便大部分校长具有赋权意识,受各种因素影响,也未必落实赋权行为。从普通教师与校长、教研组长以及师傅之间在教师发展上的互动事件来看,这三类领导者在整体上承担领导任务,但领导角色不明显,而且呈现大幅度递减的消隐趋势,这符合分布式领导提倡的核心理念;另一方面,师徒之间、教研组长与教师之间,他们的教学交往活动是以二者关系的主体间性为桥梁,双方共同致力于解决教育教学情境的实践性问题,在这个过程中,关系的展开方式为教育主体(校长、师傅、教研组长)——教育客体(教育教学中的实践性问题)——教育主体(教师),教育主体之间以共同的教育客体为载体而结成主体间的交往关系。从表面上是双主体,仍然是上对下,领导者对跟随者的关系,但实际上,当二者身处在同一教育情境,共同致力于解决实践性问题的时候,交互移情的作用实现了双方的视域融合。

二、教师作为领导者的崛起

早在 20 世纪初期,教师作为领导者的理念就被视为工作场所实现民主的手段,杜威(Dewey)认为教师作为领导者应该定期参与学校的决策过程,①然而,理念的倡导是受人追捧,但是理念的落实是漫长的阶段性过程,教师作为领导者的崛起经历了四个阶段的赋权过程,同时需要明确认识从学习力中培养领导力的实现途径以及角色认同等问题,但是无论这个过程如何漫长和坎坷,一切的付出都是值得的,因为"最有效的学校系统专注于培养领导者。"②

---

① Dewey, J. Democracy in education [J]. The Elementary School Journal, 1903, 4: 193–204.

② Harris, A. & Townsend, A. Developing leaders for tomorrow: Releasing system potential [J]. School Leadership and Management, 2007, 27(2): 167–177.

(一) 发展阶段:从个人赋权到集体赋权

教师领导力的崛起源于教育研究者察觉到教师个体为教育事业所做出的巨大贡献,森格(Senge)使用三维全息图的例子来解释,"在一个整体中,无论个体被分割的多么渺小,在显微镜下它都呈现了一个完整的组织结构图像。"①因此,个体是重要的并且具有分担集体责任的特征。在 20 世纪 70 年代,斯娃(Silva,D)等人将教师领导力的发展分为四个阶段,这四个阶段可以被视为从缺乏教师领导到个人赋权再到集体赋权的过程。②（如图 5 - 1）

图 5 - 1　教师领导力发展阶段

1. 零阶段:无教师领导力

教学不是一种用领导力的排名鼓舞其发展的专业。学校等级结构的前身是工业社会的运作模式。在这个模式中,所有教师拥有平等的地位并从属于某一个领导。教学和学习的决策是基于这种模型的,在这种模型下教

---

① Wagner C G . The Fifth Discipline：The Art and Practice of the Learning Organization.［M］. Doubleday/Currency, 1994：198

② Silva, D. Y. & Gimbert, B. & Nolan, J. Sliding the doors：Locking and unlocking possibilities for teacher leadership［J］. Teachers college record, 2000, 102(4)：779 - 804.

师的投入很少,不需要思考,更无领导力可言。然而,教育不同于工业,教育的特殊性决定了教师的情感因素在教学过程中的比重。例如,如果一个技术人员失去了对工作的热情,他可以继续在系统中工作而不影响业绩(只要这是他的目标),但是当教师失去激情的时候,大部分教师就会仅把教学视为一个求生的工作,把学生视为一个案例而非鲜活的个体。倘若教学中没有了爱,课堂就会成为枯萎的荒原,那么教育的意义将无从谈起,这是无教师领导力的可悲之处,此时教师领导意识还没有觉醒。

2. 第一阶段:为提高管理效率为教师个人赋权

第一阶段学校开始逐渐赋予教师权利,但是教师领导者将教师领导力发展的权限限制在一个传统的组织层级中。[①] 教师领导的目的是维持一种有效的教育系统,教师管理那些把自己被视为领导者的教师。费迈尔(Frymier)指出,第一阶段的教师通常被描述为是"被官僚化的教学组织所扼杀的人",教师被视为桌面工人而学生则是统一产品。这种角色类似于工厂经理,他们在监管流水生产线上的工人以确保工作的有效性,工业式学校侧重于组织结果以及实现这些结果的程序。[②] 罗斯(Rogus)表示,教师在这个过程中被认为是"不被信任的下属",校长需要通过对教师的监管实现自我利益的保障。[③] 即便存在校长赋权的迹象,也是出于巩固传统学校等级利益的

---

① Pounder, J. Transformational classroom leadership: The fourth wave of teacher leadership? [J]. Educational Management, Administration, & Leadership, 2006, 34: 533 - 545.

② Frymier, Jack. "Bureaucracy and the Neutering of Teachers." [J]. Phi Delta Kappan 1987, 69 (1): 9 - 14.

③ Rogus J F. Teacher Leader Programming: Theoretical Underpinnings[J]. Journal of Teacher Education, 1988, 39(1):46 - 52.

被动赋权。

3. 第二阶段,为改善教学水平为教师个人赋权

在这个过程中,许多教育领导者看到传统学校领导等级的缺陷,从而开始思考教师在这个系统中的角色。20 世纪 80 年代初的教育改革提倡以教师发展为主体并强调教育过程中的决策分权就说明这一点。① 因此,在这一时期,诸如动机、赋权、自治等一系列不同的教师领导力理念为教师发展带来了福利。② 然而,这一阶段的教师领导仍然是以正式职位为特征的,如团队领导者、首席教师、课程开发人员等。他们输出自己的教学技能与灵感让普通教师受益。例如,在莱柏曼(Lieberman)团队的质性研究中,他们调查了 17 个连续两年被评为领导者的教师(包括教学领导者、导师、课程开发者),他们陈述了作为教师领导者的个人心得。其中一个关键点是,作为教师领导者,除了教学领域的专业技能之外,他们必须重新迅速获得其他领域的能力才能得到教师以及校长的认可,即建立信任、利用资源、管理工作以及帮助教师建立自信等,他们需要担任导师的责任并且鼓励其他人担任领导角色。③

4. 第三阶段:为教师集体赋权

自 20 世纪中期,教师领导力开始从个人赋权到集体赋权的渐变,教师

① Berry, B. & Ginsberg, R.. Creating lead teachers: From policy to implementation [J]. Phi Delta Kappan, 1990, 71: 616 –621.

② Cochran-Smith, M. & Lytle, S. Teacher research as a way of knowing [J]. Harvard Educational Review, 1992, 62: 447 –474.

③ Lieberman, A. & Saxl, E. & Miles, M. Teacher leadership: Ideology and practice. In Lieberman, A. (Ed.), Building a professional culture in new schools [M]. New York: Teachers College Press, 1988: 148 –166

领导力者在这个阶段被定义为"教学"与"领导"的混合体。按照这个定义，教师领导力不再是一个职位、官衔的概念，所有教师都被赋予参与领导活动的权力。① 与此同时，教师领导的这个定义是对学习社区实践活动的一种倡导，在这种实践活动中领导力是所有课堂教师工作的一部分，当教师参与领导力活动的时候，他们都会发出赋予权力与尊重专业的信息。教师可以在领导力实践中与其他人针对不同话题进行合作，他们克服时间、场地、资源等限制，在学习型社区中积极探寻激励学生的教学方法。②

　　通过本书对教师、校长等学校人员的访谈可归纳出以下几点结论。从校长的角度看，一方面，大部分校长具备赋权意识，学校的运行结构是以领域任务为中心的扁平化结构，每一个领域的分管领导的存在本身就是一种赋权意识的表现。另一方面，校长具有关注个体的意识，他们支持教师的想法、给予新教师发展空间、以身作则地为教师群体树立榜样。从教师领导者的角度上，教师领导者应该尤为注重同事间融洽的关系氛围的营造，他们有意消隐领导角色使自己融入团队之中，如上一章提到的"教学相长"。当然，在这个过程，有的校长和教师领导者也会表示希望学校实现民主化管理，给予教师权利，但是往往又迫于复杂的现实因素，无法实现这一愿景。

　　从领导力发展的侧重点上看，教师领导力发展第零、一、二阶段间最显著的差异是教学与领导的融合程度。从领导力的组织结构上看，第一阶段

① Pounder, J. Transformational classroom leadership: The fourth wave of teacher leadership? [J]. Educational Management, Administration, & Leadership, 2006, 34: 533–545.

② Silva, D. & Gimbert, B. & Nolan, J. Sliding the doors: Locking and unlocking possibilities for teacher leadership [J]. Teachers College Record, 2000, 102: 779–804.

与第二阶段的教师领导力可以在传统的和工业化的学校模式中实践。但第三阶段的教师领导力不能与传统模式共存，这一时期的领导者群体必须处在具有共享特点的扁平化结构中。结合以上依据可以大致判断我国中小学教师领导力发展的整体趋势是处于第二阶段向第三阶段迈进的过程。

（二）实现途径：从学习力中培养领导力

当时代赋予教师新的职责，让其承担领导角色的时候，对教师而言，最大的挑战是如何具备领导能力的问题。斯娃（Silva）等学者发现教师领导应该具备驾驭学校结构、发展教师间和谐关系、培养教师专业水平等能力，这些都有助于教师成为系统的领导者。[1] 莱伯特（Lambert）则将教师领导力构成要素定义为基础扎实、有共同愿景并具有持续性、决策力和执行力、具备集体协作能力、反思实践等。[2] 但是，本书开篇所述分布式领导所关注的不是"是什么"的问题，而是"怎么做"的问题。琳达达林·哈蒙（Linda Dar-ling-Hammond）曾指出"教师领导力与教师学习力有着千丝万缕的关系"。[3] 当教师可以通过教而学，通过重新设计学校而学，通过协作而学的时候，学校就为教师的学习创造了新的可能。简言之，在教师教学领导力占主流的

---

[1] Silva, D. & Gimbert, B. & Nolan, J. Sliding the doors: Locking and unlocking possibilities for teacher leadership [J]. Teachers College Record, 2000, 102: 779 – 804.

[2] Lambert, L. Leadership redefined: An evocative context for teacher leadership [J]. School Leadership & Management, 2003, 23(4): 421 – 430.

[3] Darling-Hammond L, Bullmaster M L, Cobb V L. Rethinking Teacher Leadership Through Professional Development Schools[J]. Elementary School Journal, 1995, 96(1):87 – 106.

今天,对学习力的培养是教师具备领导力的重要途径。

1. 通过教而学

传统的教师教育发展框架,把"教"视为信息输出,把"学"作为知识输入。在这个阶段,教师、学习者和专家之间有着清晰的区分,同时也将理论、实践和应用完全的区分。但是在分布式领导中,这些区分开始消失,普通教师更多的像资深教师学习,向小组成员学习。他们关注课堂教学内容以及有关协作的教学知识。

通过教而学主要有两个方面含义。一是反观"自己的教",每一次施教都是一次学习的机会,对教学内容的把握,与学生的交流互动,每一个环节的设置都需要认真考量,好课都是磨出来的,每一次打磨就是在专业水平上的一次成长;二是观察"他人的教",这一行为是较为常见的,但也是容易被忽视的学习方式,常见的形式有随堂听课以及评课,需要注意的是,听课与评课并非易事,这需要听课人既置身其中又置身其外,听课的落脚点不是看他人如何上课,而是由所见的场景反观自己的课堂。访谈中一位老教师谈到:"当我每次观察别人在教的时候,我就会想如果是我来上这节课我会如何去教?这种方式迫使我真正地去思考如何以一种不同的方式去教。"(Y-T-1)笔者在研究中发现,不论何种形式的教学,只有回归到自我的思考才是有收获的。

有一次我们八所高中教师在一起教研,这次教研活动,我们先介绍了我们学校的课改模式,如学生自主学习,教师小结等。然后这八所学校的老师分头听课,听完课以后,请省教育厅的一个老师来点评,还有其他学校分管教研的领导来点评,大家讨论的积极性特别高,评课的老师和领导也没有刻意地夸奖谁,说都是特别具体的事,哪个环节有问题,如果这个课给他,他会怎么上之类的。这次教研就是感觉特别有收获,不是泛泛的评价敷衍了事,而是真的"论"起来了,尽管我们学这边教学条件差,但是大家参与教研活动的这种积极性还是非常高的。(L-V-1)

无论自己上课、观察别人上课还是参与集体教研活动,都是通过刺激思维活动引领自我专业成长的。即便是当资深教师在教新手教师的时候,他们也会发现他们在指导别人的时候,自己会获得新的启发。从课堂教师变成教师教育者的过程中,他们发现自己的知识储备在这个过程中变得更加深厚,他们的实践变得更坚实,他们的想法更具有分享特质。

2. 通过重新设计学校而学

在分布式领导中,教师领导者的能力基础是教学能力,组织能力与领导能力属于综合能力。在教师领导者成长的初期,他们与一般教师最大的不同是前者乐于承担领导责任,具有民主参与意识并善于改革和创新,教师就是在这个过程中通过思考、研究、交流以及落实革新的举措而成长为教师领导者的。"重新设计学学校"不仅仅指参与学校顶层设计、改进学校质量、重新设计课堂教学等具体事件,还指要具备参与设计的意识。下面的案例从表面上看体现的是校长决策共享,实际上是教师的民主参与意识。

我们学校还挺民主的,校长有什么事都会跟大家商量。平时小事儿我们用微信群沟通,如果有大事的时候,校长就会给我们开会征求意见。比如说,老师们给了很多意见,就会有人专门整理出来,校长就组织我们一起表决,我记得有一次好像关于参加网上微课比赛的事,只有校长一个人举手了,其他人都不赞成,校长最后就说"那就按照大家的意愿来吧。"我们也有"教代会",但是在"教代会"上一般讨论的问题都是生活方面的事比较多,比如学校有购入大型设备、修食堂或者引入新项目。基本上参会的教师代表也是以教研组长为主。(Q-L-1)

其实,民主决议有一个弊端,就是容易受强势一侧的影响。而Q学校教师的民主意识较强,即便在校长首先表明自己立场和态度情况下,教师们仍然坚持自己的想法,这才是真正的民主精神。在这个案例中,校长与教师一起讨论学校决策,他们通过对理论与实践缝隙的融合共同携手重组学校。学校中的所有成员都可以制定、实施、检测学校发展策略,他们锻造新知识,建立对学校和教学更深刻的理解。

3. 通过协作而学习

教师专业发展最大的魅力在于合作共享的精神。当新手教师与资深教师开始执行具有合作性质的小组任务的时候,他们就开始向彼此学习了。共同决策为不同层级的教师内部提供了"受教育的时刻"(Teachable moments),R学校的案例展示了协作不仅是一种方式更是一种精神。

之前,有一次我们组一个老师做公开课,关于一种半透膜的公开课,我们前一天做了一个教研活动,就分析课怎么上以及用什么样的材料。第二天这个主讲教师准备拿书上课的时候,我们组有两个老师在三个人彼此没有任何交流的情况下,一个老师送去了猪的膀胱膜,另一个老师送去了鱼鳔,这个主讲老师感动的都要哭了,因为她自己没准备,同组的成员却不约而同的帮她准备了。后来我们才知道,一个老师起了个大早就从屠宰场买了猪的膀胱膜,另外一个老师前一天从鱼市专门买了一些鱼,

把鱼就吃了，然后把鱼鳔留下来了。这个事情，真是让我们感动得不行。（R-L-1）

协作学习的发生场域是在团队合作的过程中，其主体是团队中的各个成员。但是，协作学习不仅仅只关注自己分下来的任务，"协作"的关键在于协调团队的整体效果。案例中的故事就是成员间协作的另一个境界："你没想到的，我帮你准备好了"。另外，被访谈者告诉笔者，"这个主讲老师后来也很努力，最后还凭借这节课得了省级一等奖。我们当时就觉得这是一个非常美丽的团队，因为同事之间实际上是有竞争的，但是真的到事上的时候，他们的奉献是毫无保留的，因为你知道，很多事情，即便你不做也是情理之中，但是这种团队之间的合作、互助的精神真的是非常打动我们。"被这个事件所触动远不止是当事人自己，包括听到这个故事的所有人。大家知道了什么是团队的力量，他们学会了如何在一个集体中做好自己。协作并非仅仅是一种方式，更是一种精神。一方面，它打破了团队成员的身份壁垒，领导者从一个自我意识的导师角色中解脱，合作中的教师开始关注彼此的需求，他们以不同的方式实现共同的目标，有时，也许他们只是在谈话中与自己的同事简单的交流分享，但也是一种的学习方式。另一方面，协作具有延续性的影响力，当教师自己经历合作学习的时候，他们也更倾向于通过合作学习的方式来管理学生。

（三）身份角色：教师在分布式领导中的角色

达林·哈蒙（Darling-Hammond）在教师领导力发展的第三阶段鉴别了教师领导的角色，即教师作为导师、教师作为教育者、教师作为课程开发者、教师作为问题解决者、教师作为改革推动者、教师作为研究者,这些都是教师在第三阶段的领导力角色,且向所有教师敞开,①而不是仅仅是少量的几个教师。为了更好的教学生,教师必须是一个学习者。教师拥有并产生知识的能力而不应被知识所控制,通过这个过程,教师就会由一名普通教师成长为一名领导者,同时产生知识并做出影响实践的决策。②

1. 教师作为导师以及教师教育者

在教师领导力发展的过程中,教师的信仰、经验、个人知识及价值被认为是指导创造性的教师实践基础。教师领导者不仅是一个角色,而是一种立场、一种思维方式、一种行为方式,它使得学习者在学习中思考,思考如何成为一名专业的教师。正是因为教师将他们的个人兴趣、经验、能力都贡献给了学校,才使得由领导者与学习者构成的学校团队成为可能,但是无论是教师成为导师还是教师教育者,所有的重点都是指向课堂教学中学生的学的。F 学校为教师发展建立了"教学常规"、"课堂常规"以及"教研常规",明确地表达了作为主讲教师、教研组长、教研成员的责任与标准。下文截取"F 学校教学常规"中的一部分。

一堂好课的基本标准:着眼于学生整体发展,立足于学生个体成材,充分发挥学生的主体作用,体现出我校制定的"素质全面、学有特长、勇于创造、和谐发展"的育人目标。A. 摒弃"满堂灌"的教学模式,注意发挥学生的

①　Darling-Hammond, L. Rethinking teacher leadership through professional development schools [J]. Elementary School Journal, 1995, 96: 87 – 106.

②　Darling-Hammond, L. Rethinking teacher leadership through professional development schools [J]. Elementary School Journal, 1995, 96: 87 – 106.

主体作用,教学过程设计符合学生的认知规律,让学生在阅读、思考和练习中掌握知识、提高能力;B.课堂知识容量和思维活动量适当,各项活动(复习、提问、讲解、讨论、练习等)时间合理;C.课堂教学要面向大多数,要注意分层次教学。

有效的教学是基于情景的而且必须适应学生的个别需求,成功的教师具备的不仅仅是理论知识,还包括丰富的课堂教学经验。从 F 学校"一堂好课的标准"中可知,学生的感受、所得、能力是课堂教学的中心和落脚点。这也是在以一种规范化的方式促进教师成长,如"充分发挥学生主体作用",当教师开始思考和钻研什么是学生的主体性以及如何才能让学生的主体性得到最大程度发挥的时候,他们就开始不断地在实践中运用他们的研究成果和思考所得。当他们开始思索这种理论与实践之间的摩擦,学校就会发现他们正在以一种混合动力的方式促进实践知识的产生,其方式包括,在他人的行为和反应中学习、在与实践者的讨论中学习、在教师与研究者以及被研究具有多样经验的学生个体中学习。

在教师成为导师和教师教者的时候,教学专业能力是第一考量因素,当研究者问到一位特级教师是否愿意成为教学主任的时候,她的回答是:"我目前来说还是不愿意的。我觉得我的专业水平还需要提升,现在都在落实新课标,我要专业上跟不上的话,我就觉得很对不起大家,我现在带整个教研组,每年也会带徒弟,我不愿意做教学领导的一个原因就是我特别享受我们现在的这个阶段,大家研究下教学,看看课是怎么上的,然后再去实践它,这个过程会收获很多。"(R-L-1)其实,在这个过程中,R-L-1 教师就是带领大家成为知识的生产者(knowledge producer)、知识的塑造者(knowledge shaper)、知识的使用者(knowledge user)。^① 当教师成为导师以及教师教育者时,他们就会对集体职业有更大的责任心,他们也更习惯于在实践中寻求自我专业发展。在一个高度发达的分布式领导结构中,学校鼓励所有教师建立和谐的学校氛围并从中扮演各种角色。

2. 教师作为课程开发者与决策者

教师作为课程开发者和决策者是两个不同却有关联角色,课程开发者的身份明确了教师领导的领域,即课程的开发与改进。决策者的身份明确了教师领导的力度,它更集中在对落实教师对学校决策的民主参与。

将教师作为课程开发者,实际上是强调教师的课程领导力。课程领导是以教师作为课程开发的领导者,从各个方面对课程加以运作,如开发课程、拟定教学计划、定期进行课程评鉴等。^② 课程领导的主体可以是个人,也可以是团体,他们可以是正式领导者,也可以是非正式领导者,团队中的任何成员都可以在特定时间,基于特定的需要扮演领导角色。现如今,教师作为课程开发者在学校中最明显的体现就是自主开发校本课程。

我们学校办学条件有限,但是我一直坚持开发校本课程这块。我为什么要坚持,因为我有文学社,我辅导的文学社30年了,在这个过程中,总是能够激发我一定要把校本课程给做起来的想法,我们这个地方虽然不大也不发达,但是非常有特色。我经常给我的学生讲,我们这发生的事:孔子来过我们这个地方讲学,所以我们这有个地方叫"三仁",那这个

---

① Darling-Hammond L E . Professional Development Schools:Schools for Developing a Profession.[J]. Teaching Education,2005,7(2):135-137.

② 钟启泉.校长的课程领导[M].上海:华东师范大学出版社,2003:28.

"仁"在我们学生核心素养的形成中起什么作用？这是非常好的问题；还有扁鹊，扁鹊来过我们这个地方给老百姓治病，路上行人如蚁，所以我们这个地方山叫"如蚁山"，类似于这样的故事我平常就会给他们渗透进去，现在我打算就以我们家乡地方名人为主题把这些小故事系统整理并编织成校本课程。(L-V-1)

L 学校是一所农村学校，经济、学校条件、教师素质各个方面都不如城市学校。据这位教学副校长透露，校本课程在学校已经很喊了很长时间了，但是老师们不响应，推动较为困难，所以只能是他以身示范。在克服校本课程困难的过程中就是 L-V-1 教师展现领导力的过程，校本教材的开发是实施校本课程的第一步，校本课程是对校本教材的实施，在这个过程中他需要承担两个阶段的接洽与转换，但同时也需要发挥领导力来鼓励其他老师参与。

另一方面，对于教师作为决策者的提倡，这并不是分布式领导的首创，而是伴随着教师领导力的提倡而产生。与其他组织一样，随着教师越来越多地参与为学校设定方向和目标，他们更倾向于对自己的工作负责，他们不是被任命或者分配的，教师领导层将成为更全面更广泛的教师职业角色的产物。关于这一点，在本章第一部分校长的显性职能中详细论述了校长如何在决策过程中实现教师的民主参与，在此不再赘述。

3. 教师作为研究者

教师作为研究者，不仅仅意味着教师从事课题、公开课等研究性实践，更重要的是要具备研究意识。杜威（Dewey）曾在书中这样写道，"科学的方法与系统化的命令解放了个体使他们认识到新问题，并促使他们用系统的和有意识的方式来审视并改进他们的实践。"①D 学校鼓励教师建立和参与名师工作室,名师工作室的本质是有着共同研究方向以及合作愿景的教师的合作共同体,实现教科研与产学研的结合,一般是由本学科具有影响力的带头人来引领创办的。

我们学校对老师搞研究这块基本上是"专家请进来,名师走出去"的战略,每学年都会请一些专家来学校进行讲课、作学术报告。然后我们每一学期都会有两次左右外出学习的机会,像我可能更多一些,因为有两个名师工作室,可能半年能出去四五次。学校在这方面给我了很大的支持,毕竟如果出去的话就要涉及与其他老师调课串班,也希望这样能带领其他老师一起来做。因为名师工作室主要的目的就是以这些名师来影响和引领河北省的教师向更深更精更高的方向去发展,主要是起一个引领的作用,然后名师工作室也会每年去考核本年的业绩。所以,以工作室的方式引领教师发展,在我们这边比较普遍,你像我们廊坊市就建立了 14 个名师工作室,都是由全省的特级教师和正高级教师为核心成员,其中涵盖小学初中高中的各个学科。(D-L-1)

教学和科研是教师专业发展的两条腿,但是现实情况,总是有所偏颇,呈现"重教学,轻科研"的情况,在笔者所访谈的教师或学科带头人中,如果一旦涉及做课题,后面总会不约而同的跟一句"因为评职称的需要"。名师工作室的出现则把教育与科研融合在一起,以教学为主题带领大家搞研究。

① Dewey, J. The sources of a science of education. [M]. New York: Horace Liveright, 1929: 20-21.

正如珊德(Snyder)所言,事实上,教师是"从教学中学习"而不是"学习如何教学"的人,教学不仅是教师研究的题材、内容,更是激发教师新想法的源泉,因为个别独特学生构成的谜题总是会激发教师的好奇心去研究他们,初任教师会听到老教师关于"从教中学"的心得介绍,在这个介绍中,必须传授给未来教师的是能够敏感而系统地探究学习本质及其行为对学习者的影响。① 在这里,所有思想的碰撞、结晶都是围绕着教学细节展开的。笔者可以感受到名师工作室对被访者的影响是由内而外的,他对名师工作室的引领者以及所从事的工作有着深深的认同感。

我所在工作室是张丽钧工作室,她的文笔和教学水平都很高,现在出版的著作已经有 24 本了,而且还是开滦一中的校长,虽然很忙,但是仍然笔耕不辍的去写文章、发表文章。她是河北省特级的评委,正高的评委,自身是特级教师、正高级教师、国家骨干教师,享受国务院特殊津贴。你知道,当我说出来的时候,我是感觉很自豪的。因为工作室有一个最大的好处就是你可以近距离的接触这些优秀的人,耳濡目染的受他们影响,并且在工作室里面尽管是同一个学科也是"术业有专攻",大家根据自己擅长的领域做研究。例如,我就是负责中文书阅读这个方向的,尤其是名著阅读这块,因为现在新课改中对整本书的阅读是非常重视的,所以我就专攻这块,对这个领域形成自己的认识,说实话,我原来都不太重视自己的想法,但是工作室的骨干教师们就会经常点播我,说要重视自己的想法,然后鼓励我形成自己的研究

① Darling-Hammond L E . Professional Development Schools:Schools for Developing a Profession. [J]. Teaching Education, 2005, 7(2):135 – 137.

成果。（D-L-1）

　　研究和教学从来就不是两件事,教师成为研究者的前提是要转变思想。D-L-1 教师在访谈中提到的重要一点就是"重视自己的想法"。这是大部分普通教师容易忽视的一点,认为自己的想法微不足道,但是殊不知,名人理论体系的形成都是源于他们察觉到了自己想法的可贵之处,教师研究意识的养成就是从审视、察觉以及反思自己的想法开始的。20 世纪末米勒（Miller）的研究发现,"利用知识"变成了学校教职发展的新起点,学校工作人员重新讨论了该区研讨会的实施情况,这种研讨并非是为外部顾问做正式的结果演示,而是教师在对研究进行审视以及批判性的反思。例如,第一天,教师花两小时时间分别阅读关于分组研究的相关文献;第二天,他们进行合作小组学习,并在学习中分享自己的已读观点;第三天,所有成员开会,共同参与建立共识的过程,做出学校关于分组学习与实践的章程。①

　　当教师领导力成为教师专业发展的主要议题的时候,这一愿景将挑战当前学校结构所体现的领导层级和位置概念。教师应该在课堂之外施加影响,并在学校和专业社区等更大的舞台上发挥重要作用。名师工作室的成立正是教师走出课堂的表现,他们在更广阔的舞台上发挥自己的影响力。正如利伯曼（Lieberman）所指出的那样,这些教师领导者在学校中建立新的身份,改变学校的工作方式,并找到引导教师成为研究者的新方法,这是一

---

　　① Darling-Hammond L E . Professional Development Schools：Schools for Developing a Profession. [J]. Teaching Education，2005，7(2)：135－137.

个极其复杂的过程,一个在智力上具有挑战性的问题。教师成为领导者这个过程并非一蹴而就,这里所描述的领导形式是多样的,每一个学校都会面临各自不同的发展瓶颈。[①] 但是,随着教师的专业知识得到认可,他们的角色也相应得到扩展,他们不仅成为更强大的领导者,而且也成为更强大的学习者。

三、案例研究之"当校长是一时的,当老师是一辈子的"

根据上文的论述可知,作为校长、教研组长以及师傅的领导者和作为教师的跟随者,各自的角色都在发生着如太极八卦图一样此消彼长的变化。从领导者一侧看,校长、教研组长以及师傅,他们在保持各自职能的前提下角色的显现依次呈现递减趋势;从跟随者一侧看,教师作为跟随者的地位在不断崛起,他们经历了被赋权的各个阶段,逐渐承担领导职能,并在学校中重新定位自己的角色。二者关系潜移默化的变化证实了本书的理论假设,即我国的教学系统具备天然的分布式基础。

本书将"领导者"与"跟随者"关系的重新划定这一动态话题置于鲜活案例中展开论述,根据分布式领导的观点,主体间关系的变化是在周而复始的领导力实践中进行的,从领导力决策——领导力实施——领导力效果——领导力反思,这是领导力实践的全过程。下文的案例是关于 C 校长

---

① Lieberman A E . Building a Professional Culture in Schools. [M]. New York: Teachers College Press 1988:164.

在接手一所百年老校时,面临其传统教学阻力所采取的措施以及效果,从中可以折射领导者的领导智慧以及与教师关系的动态变化过程。

(一) 学校问题:百年老校·教师思想固化[①]

Q 中学创建于 1923 年,1962 年被确定为地区重点中学,1964 年郭沫若先生亲笔为 Q 中学题写校名,学校占地面积 998000 平方米,共 42 个教学班,150 多名教职员工,这是一所规模较大且文化底蕴深厚的百年老校。C 校长于 2017 年 9 月被任命为现任校长,面对这所具有浓厚文化底蕴的省级重点校,对于现任领导者言,最简单的事情莫过于沿袭学校原有传统、惯例和常规,但是 C 校长选择了一条并不平坦的道路,他在肯定学校原有成绩的前提下从最棘手的教学问题入手。

我其实是一个新任校长,刚来到这个学校才一年半的时间,这是一所百年老校,有文化,有历史,有光环,但是也有问题。具体讲就是前面在相当长的一段时间里,这个学校的教学活动不被重视,所以我第一年来的时候,就想推动教研活动,但是难度特别大,基本上我布置完工作以后没人去弄这件事,新教师没人领着干,老教师有自己的经验不愿意干。老教师的话是有经验,但是他们很多年都不上公开课,如果水平可以的话,就出来给青年教师做个示范,让别人给你竖起大拇指,如果水平不行的话,那就积极学习新东西,不要一直吃那点"老本儿"。但是我也很清楚,改变是很难的,尤其是这么多年都是这样,

---

①　本节的研究个案来均来源于对 C 校长的多次深度访谈,其材料编码为(Q-H-1)本节后续引用,不再赘加材料来源。

很难一下子改过来,所以我就一直在琢磨这个事应该怎么处理。

C 校长上任一年半,发现 Q 中学一直以来存在的问题,即对教研活动的忽视。造成这种现状的原因有很多方面。首先,该校对教研活动的忽视是一个历史遗留问题,并非是由于领导换届导致的;其次,没有一个成熟的实施框架,监督和检查体系,教研活动单是口头号召是很难推动的;最后,也是最重要的一点是关于学校教师的年龄构成问题。尽管每年都会有新教师涌入,但是作为百年老校,教师年龄构成偏老龄化,老教师既是学校发展的基石,同时他们思想保守,不善于改变和接受新鲜事物。这对 C 校长的教学改革构成了一定的阻碍,并且牵制着新教师的专业发展。因此,如何调动老教师的积极性并协调二者之间的关系成为推动学校教研改革的关键。

(二) 解决途径:薪火计划,扭转惯性

为了扭转 Q 校一直以来的教学困境,C 校长带领领导班子,变劣势为优势,充分利用经验丰富的老教师,培养新教师,从而孕育出一个新项目。

1. 薪火计划的实行

Q 校于 2018 年下半年实施了一个培养青年教师的项目,名为"薪火计划",为此制订了实施方案(表 5 - 2)和启动仪式。这个项目主要就是为最近三年入职的青年教师安排 1 - 2 位老教师做他的导师,要求青年教师每个月必须听老教师至少两次课,与此同时,老教师每个月听青年教师一节课,然后给予他们相关的指导。

表 5 - 2 Q校"薪火计划"实施方案

一、指导思想

为贯彻党的教育方针,建设一支师德高尚、业务精湛的师资队伍,特制定本方案。

二、具体内容

（一）"薪火"计划对象:学校聘请经验丰富的教师为导师,与近三年考录到我校的青年教师结对帮扶。

（二）帮扶内容

1. 导师指导青年教师制订个人专业发展目标、思路与规划。

2. 导师指导青年教师制订教育教学计划、备课、上课、听课、评课、反思、命题、解题、总结等。

3. 青年教师要主动向导师请教、学习,每月听导师的课不少于两节,每学期不少于十节,并要撰写听课心得。

4. 导师每月听青年教师的课不少于一节,每学期不少于四节,并给予指导意见。

5. 青年教师要积极参加学校和教育部门组织的课堂教学比赛和课题研究。

6. 青年教师要积极参加其他教师或外聘专家开设的公开课、讲座和课题研究。

7 上述活动必须有文字记录材料。

三、考核办法

1. 每学期开学,导师与青年教师签订《Q校"薪火"计划书》。

2. 每学期结束,由教科室对本学期结对帮扶活动进行检查。

四、奖励

1. 导师按照每学期300元标准享受补贴。

2. 帮扶期间,青年教师参加学校或上级教育部门组织的教育教学比赛获奖,导师也享受同等的物质奖励。

"薪火计划"的本质是师徒制,但它不是对传统师徒制的简单复制,它的推行有着背后的运行机理。一方面,C校长意识到组织领导框架的重要性,他说"我来了之后,第一件事就把这个组织架构也重新设置了一下,你说这个组织架构都不全的话,谁来干事情? 我再喊两年估计也没人响应。"他在充分分析问题利弊的同时意识到"光是口头喊是没有用的"。便从分析师徒制的人员结构开始探究二者的关系,师徒制是由新教师与老教师两个简单群体构成,二者所构成的不是上对下的层级关系,而是非层级的扁平化结构,是分布式领导的理念所倡导的。另一方面,以往的师徒制是分散各自结对,C校的师徒制分散结对后做了从个体到集体的延伸,把每个单独结对的个体聚集起来形成一个教研组,因此组内成员之间就不再是零散的"你我"关系,而是两两结对或三三结对的师徒关系,无论是教研组或是年级组活动的规模有多大这种回环的关系都会增加活动的凝聚性。

2. 师徒结对重视检查环节的落实

关于检查环节,Q校以导师、校领导随堂听课为主,检查听课备课笔记为辅,而且每学期会定期召开研讨会进行经验分享。

今年我给自己定下的硬性指标是,只要有空,就去听年轻教师的课,其实我知道随堂听课给年轻教师很大的压力,听了一轮以后,大家以为我不会再听了。后来我还是听第二次,这样因为随时不定期的听课就会使他们不容易懈怠。但是他要是上公开课的时候,我可能不一定去,因为公开课都准备好了,我听课的方式就是随堂推门,在他们没有准备的情况下进去,去了解最真实的状态。

关于青年教师的备课笔记听课笔记,我们是每个月一查,不是教研组查,各自的导师来查,然后期末的时候像上个星期我们开了一个座谈会,就是让年轻教师谈一谈学习的收获感受。这个大家普遍反映很好,因为以前咱们学校没弄过这个事情,好多年轻老师不好意思去请教老教师,现在有了自己的导师了,就可以光明正大地推门听课,所以年轻老师都觉得很好。

这是"薪火计划"的检验环节,可以说该计划从结构上看是相对完整的,包括制定、实施以及检测等环节。一方面,大校长全程参与听课在其他学校是比较少见的,在项目的初始阶段,以这种方式督促教师成长是比较重要的。另外一方面,对听课和备课笔记的上交在很多学校是一种走形式的检查,既没人认真写,也没人认真看,就更不要说反馈了。但是在"薪火计划"下的这一检查是具有实际意义的,C 校长说,"从编写教案开始到最后的上课评课环节,应该说我们学校这学期的教研工作是非常有成效的。"平均一名青年教师有 1 – 2 名老教师作为导师(依据学科师资储备而定),任务被分摊后,这个检测的手段就变得有针对性和实效性。

3. 动态授权扭转评课氛围

对于教师教学能力的提升是一个缓慢的过程,但"薪火计划"作为一个新项目,在推行不久就已经看到了成效,教研活动的氛围发生了明显变化。

我们评课的风气大为好转,特别是我在语文组推广开始以前,大家刚来的时候,大家上课是糊弄,评课也是糊弄,每次评课,基本上 90%是说好的,10%的说点意见,就是轻描淡写的的说一点点缺点。我不知道是由于我在场他们不好意思说缺点还是怎么样。由于我是新调过来的校长,我就私下跟一位一直在这边工作的副校长聊了几次,他说老师教研活动一直都是这个样子,碍于面子,就说好的,不说差的,怕得罪人。后来,凡是有教研活动我就一直全程参与,语文学科为主,其他学科我也去。后来轮到我说的时候,我就把老师评课的这个习惯纠正过来了,明确要求大家90%说不好,10%说好的,如果一个劲地碍于面子夸别人,除了浪费时间,我们的教研活动就一点意义都没有了。这个要求先在语文学科执行,发现有效果,老师们开始针对问题说问题了,然后又在学校其他学科推广,这才把这个评课的风气给改过来。

教研活动的氛围决定教研评价的走向,C校长在扭转教研氛围的过程是领导职能与动态授权的结合。动态授权是基于任务的需求即兴发生在情境中,即高级领导者迅速和反复地将积极的领导角色委派给团队中更多的初级领导者,以及为了应对具有挑战性的任务需求而撤回积极的领导角色。C校长动态授权的关键点不在于授予教师评课的权力,而在于授予教师如何评课的权力,反过来讲,如果教师不能够按照"90%说缺点,10%说优点",就相当于在教研过程中对其所赋予权力的撤回。动态授权的标志是领导层级上的积极领导角色的快速转移,而教研活动中青年教师、老教师、教研组长、校长等就被视为不同的领导角色,因此,C校长全程参与教研活动,在过程中,纠正教师评课的问题正是动态授权的最好时机。

(三) 效果检验:忙碌而又充实的五个月

国外研究者表示,"教师领导力是教师领导者在课堂内外的领导,他们为教师学习者和其他领导者做出了重要贡献并影响他人改进教育实践。"[1]

---

[1] Katzenmayer M, Moller G. Awakening the Sleeping Giant: Helping Teachers Develop as Leaders. Second Edition. [M]// Awakening the sleeping giant: helping teachers develop as leaders. 2001:17.

如果说"薪火计划"的开始是以 C 校长带领下的以教师领导者为主体的项目，那么它是否能够做出贡献以及在多大程度上影响了教师实践则成为检验这一项目成功与否的关键。以下是 Q 中学 Z 教师关于"薪火计划"的期末反思总结。

时间之花如马奋蹄，忙碌之人不知日月。转眼间，一学期的光景即将谢幕。今日收悉通知，傍晚静言思之，特反思总结以抒个怀，也不枉这番历练。

本学期喜获一班语文教学任务，重拾教学之梦。行走在三尺讲堂，珍重又谨慎。对语文以及语文教学的执著与爱让我心如朗月，澄明如初，可陌生的教学环境和教学成绩的压力又使我困惑、迷茫的我带给学生对语文的认知与兴趣是否会被这些所谓排名涤荡，又或者我该去反思如何鱼与熊掌兼得，在提高成绩的同时，又能培养学生对语文的学习能力和兴趣，将语文这个概念揉进心间，化作光阴。我一直在探索，却行道漫漫，得之寥落。

九月份，C 老师参加某市优质课比赛，我陪她磨课并参赛，跟在 L 组长后面学到了一些东西。印象较为深刻的是对文章中心内容的把握，日常教学中我偏爱于"乱炖"，觉得有营养、好吃就端给学生。其实不然，"核心"内容一定要突显，有针对性引导学生去把握才是关键。其次，我有幸拜读了 C 校长全国优质课大赛第一名的教案《记梁任公先生的一次演讲》，明白了语文教学要高要深要活，如果不拔高、不深入，学生能学到什么，我又能教什么？如果教学不活起来，谁愿意听课？因此我深知知识更新、技巧提升的重要意义。另外，在与青年教师互相交流中，明白了很多极易被忽视的细节：板书的设计、范读的作用、课堂提问的技巧，等等。千里之行，始于足下，成功的光芒从脚踏实地处点点汇聚。

十月份,我与导师们进行了深入的交流,师生互听互评,探讨教学。其中对《小狗包弟》做了同课异构,我先向导师取经、听导师上课、感受老青中人,经验丰富的老教师如何把握课堂,如何展现个人魅力,H老师的温柔细腻让我陶醉,仿佛这便是语文教师应该有的模样:多情、细致、渊博;Z老师的睿智沉稳也给我启迪,在他们身上,我照见自己的浅薄与短小,照见自己的懒惰与懈怠。虽然我的课得到两位导师的赞赏与肯定,但我还是迅速陷入到迷茫与反思之中,月盈则方,水满则溢,有着自卑特质的我从来不骄傲自满,永远在反思、改进,愿时光不负、韶华可期、未来晴喧。最后感谢两位导师在日常生活中对我的关心和帮助。

十一月份,语文组奔赴某地参加省优质课比赛观摩暨评课活动,刚抵现场,即投入听课,精彩纷呈,感慨颇多。同样是教语文的,他们表现却如此优异,处理教材的能力,即兴写作的个人素养,素材的选用能力无不令我佩服。而我呢?在步入中年的路口披一身的暮色,平时阅读也只一味追求肤浅、便捷,缺乏做学问的沉静品质。此外,专家的评课也如警钟敲击着我:语文教学目标中核心素养的提出,高考语文的改革,语文教材的变化等等,让我感觉兴奋,似乎有一场暴风雨即将来临,而我得未雨绸缪。

十二月份,我上了一节公开课,语文组同仁几乎悉数莅临,认真听课,又于课后展开了一场较为激烈的评课,尽数发言、评议中肯,同时又给予我肯定和鼓励,恍惚间又回到大学讲堂,文艺理论、教学策略、阅读技能等科目的教授们一一闪现,当我重归现实,才感到教学实践也是一种深造,教学活动就是一场探索。打磨课堂,上好每一节课,领略艺术真谛,提高教学效果是我必须坚守的阵地,牢记使命,不改初心。

元月份,期末考试题型出来了,我主动向导师请教新高考题型有哪些变化,得知选择题分值减小,双向选择删掉,语病修改有变化等等,以至于病句修改顺序是否讲究等实际细节问题也都不放过,由于在平时教学中加入了较多活动,所以必修教材上的课文未能教授结束,后期定要快马加鞭追赶进度。

"薪火计划"为我创造了太多的机会,让我受益匪浅,主观努力也好,客观动力也罢,操千曲而后晓声,观千剑而后识器,见识了就一定有意识或记忆投影、形成认识和观点,生命不息、学习不止,仓促成文,不知所言。

Z教师以时间为轴线,感性而又真实地描述了"薪火计划"之下忙碌的一学期,这五个月以来的实践、感受、反思以及收获,他如数家珍,暂且从以下几个点来分析Z教师的变化。

首先,多重实践体验的背后意味着多重身份的转化。Z教师在该学期经历了很多实践体验,如"跟L组长学东西"、"看C校长全国优质课一等奖教案"、"与青年教师的互动"、"与导师们深入交流"、"自己上公开课"等等,他的身份在语文教师、学习者、反思者以及教师领导者之间发生转换,"薪火计划"的实施赋予了教师多重身份,其目的是让教师在身份的转换中学习,通过"参与"与"赋权",引导教师换一个视角来获得独特的感受以及加强对不同身份的理解。

关于参与,"跟L组长学东西"、"与青年教师的互动"、"与导师们深入交流"等都属于参与,但是参与并不等于参加。参加是一个动作,参与是一个过程,真正的参与需要全身心投入与心灵的触动。因为正如莉娜(Leana)

所言,参与的特点是"权力分享",旨在增强个体的协作贡献力和归属感;①关于"赋权",其特点是"权力下放",例如,Z老师上公开课,上公开课的权力并非人人皆有,也不是随机的,多半是个人意愿与领导意愿的结合,当Z教师被挑选为公开课的人选时,体现了领导者发展了下属的自主权和技能的愿望。

其次,导师的非权力影响力的重要作用。Z教师在总结中多次提到"导师",并表示对二者的感谢。"导师"是"薪火"得以传承的重点角色,如"我向导师取经"、"听导师上课"、"感受老青中三代的课堂"、"看经验丰富的老教师如何把握课堂"、"如何展现个人魅力"等,"导师"的身份之所以受到如此的重视,原因在于他是分布是领导者中的非权力领导者,他们是专业上的引领者,对跟随者的专业发展产生了重要的作用,其发生作用的范围和大小不受限制,这种非权力影响力是领导者旨在达到的目标,因为它为领导效能提供了足够的空间。教师与非权力领导者的平等关系,使得教师在感受这种影响力的过程中汲取营养,如,"H老师的温柔细腻让我陶醉,仿佛这便是语文教师应该有的模样:多情、细致、渊博;Z老师的睿智沉稳也给我启迪,在他们身上,我照见自己的浅薄与短小,照见自己的懒惰与懈怠。"这是一种至情至性的真实表达,道出了导师作为非权力领导者力量之所在。其实,非权力影响力是相对于领导者的行政权威而言的,行政权威一般通过命令下属来完成任务,跟随者处于消极的被动状态,而非权力影响者是靠领导者的

---

① Leana& Carrie, R. "Power relinquishment versus power sharing: Theoretical clarification and empirical comparison of delegation and participation." [J]. Journal of Applied Psychology, 1987, 72(2): 228.

魅力与专业能力来影响他人的,跟随者处于积极的主动状态。①

最后,在不断反思与实践中实现从自卑心到自信心的转变。Z教师在起初的迷茫到最后的语文组同仁以及两位老师分别在不同场合的表扬和肯定。他说到"陌生的教学环境和教学成绩的压力又使我困惑、迷茫的我带给学生对语文的认知与兴趣是否会被这些所谓排名涤荡"、"天性中的自卑"、"有着自卑特质的我从来不骄傲自满"。"薪火计划"的初衷是谋求专业水平的改善,但却意想不到的看到教师作为"人"本身的变化,在Z教师的领导力实践中,他不断地学习、反思,即使在得到表扬的时候,仍在思考自己在哪些地方还可以得到提高,这种不断反思-实践的行动序列为Z教师持续不断的领导力实践提供动力,因为只有想改进的愿望,才会有付诸实践的动力,而他对教学的理解、专业水平的提高以及个人的成长就是在一次次的领导力实践中形成的。

(四) 智慧解密:校长的重要他人与教学观的形成

关于"薪火计划"取得显著成效的原因,从研究者对C校长的访谈中可以获知一二。例如舆论引导与行政监督、通过绩效奖惩老师等等。坦然的讲,这些管理措施并非Q校的首创,它们在一定程度上推进了"薪火计划"开展,但是并不是使得这一计划取得成功的根本原因。

C校长之前是一名普通教师,1995年开始工作,2010年获得市优质课

---

① 孙奎贞,刘艳丽.新领导力——古代领导力与现代领导力比较研究[J].北京行政学院学报,2011(03):18-21.

大赛一等奖,2011 年获得全国优质课大赛一等奖,其微信个性签名为"一名教书匠,两个孩子的父亲,三个年级的班主任",他说:"我身兼数职,但乐在其中。"就是这样一步一个脚印从普通教师成长起来的校长,应该说到目前为止,取得了很大的成就,但是真正让他引以为豪的似乎不是校长的职责,而是教师的成长。而在他的成长过程中,有一个对他产生深刻影响的重要他人,这个人在某种程度上影响并塑造了 C 校长管理学校的风格以及对教学的独特见解。

1. 我的重要他人:一位极具影响力的教研型校长

以前我遇到过的最好的领导,也是一个教研型的领导,这是对我事业影响最大的一个人。他是我以前在的农村中学的一把手校长,他后来成长为特级教师,正高教师,很牛的。印象最深刻的就是他刚刚到我们学校的时候,农村学校也没有什么教育,氛围很差,然后他就自己给我们老师开了一个讲座,这个讲座的题目叫做"教而不思则罔",孔子说"学而不思则罔",他说"教而不思则罔",我们一个个讲座听下来了以后觉得很有收获,然后也知道怎么去从事教育了。以前总觉得好像教育跟我们很遥远似的,其实教研就在咱们的身边,就听他讲座以后我就觉得我们每天都应该学习——教学——反思,我们要有这种意识,上课的时候也许学生的一个灵感就可以引发我们进一步思考,所以说那次讲座可以说对我影响是特别大的。

每一个人都会在他的成长过程中遇到他的"重要他人",然后人生轨迹发生或大或小的转变,C 校的"重要他人"是一位教研型的校长,这位领导对 C 校长的影响不在于具体的讲座事件,而在于每一次具体的事件的集合带给 C 校长意识的激活。这种意识的激活不仅仅在讲座上,更在日常生活中。

在生活中,我们经常会约出来聊天,说了别人都不信,因为我们聚在一起聊的都是关于学校教育的,怎么搞好教研,怎么管理学生,我们一聊这个就特别起劲儿,在我眼里,这位校长是把教育活在了他的骨子里,他的一言一行都对我产生很大的影响,包括我后来管理学校的风格、方式虽然不及他的水平,但却时时刻刻被他影响着。

正如斯皮兰所言,"领导力就是一种社会影响力。"①这种分类定义十分看重领导力的效果。如果一个人被影响,他的能力和动机会也随之出现改变,那这就是领导力效果的最好证明。C 校长的重要他人是他教育事业的引路人,以至于 C 校长的管理风格以及教学观念都会留有这位重要他人的影子。

2. 我的教学观:教师的话语权与专业水平直接挂钩

C 校长对教师教学独特的理解是在农村学校与城市学校的对比中产生的,这所农村学校就是上义提到的教研型校长所带领的学校,在各个方面条件都不占优势的情况下,培养出了一批又一批的优质教师。

我以前所在的一个农村学校老师的专业地位非常高。而我现在的这个学校是一所省级示范高中,是我们市里最好的学校,正是因为前面多年教研工作抓得不力,老师几乎在市里面没有话语权。而我在农村学校的时候,老师在市里省里专业方面都有话语权。不是说农村学校老师本身水平就高,你想想怎么可能呢? 农村学校各个方面的条件都比不上我现在的这个县级学校,而是以前我的老校长就一门心思带着大家搞教育,搞教研,不分谁是

---

① Spillane, J. P. Distributed leadership [M]. San Francisco:Jossey-Bass, 2006:10.

领导,谁是老师,大家慢慢慢地就形成了这么一个风气。我们农村学校当时出了两个特级,一个正高,而县城中学一个都没有。所以大家都是教研活动的受益者,在这个农村学校,你不让大家上公开课,他们都不愿意,他们会主动地去上,大家自己拿个小黑板写个告示放到班级门口,"我×××开课,欢迎大家来指导"。然后学校其他老师看见这样信息就跟别人给你张票去看演唱会一样,很愿意去,那时候的教研氛围真是让人难忘!

如果有一个支点能够撬动学校的整体发展,那这个支点就是教师。案例中的老校长,其领导力具有专业性,即聚焦教师教学,当学校的发展聚焦在教师教学的时候,焦点本身在某种程度上就已经模糊了行政领导与普通教师的边界。正如在 C 校长的印象中,这位老校长的确是一校之长,但除了一心带领老师搞教研之外,似乎看不出其行政化的痕迹,在这个过程中,他就是一个把教育活在骨子里的榜样人物。

四、领导身份的微变

领导者与跟随者关系边界出现动态变化的开端是二者对彼此深度交流的需求和渴望,这首先需要领导者表态,采取行动。"薪火计划"从孕育到实施都发生在一个特殊的时期,即最高领导者权力的交替之际,这对 C 校长而言存在双重困难。一是,C 校长上任初期属于与学校教师的磨合阶段,需要一段时间才能得以缓解;二是,教师不重视教研活动已经成为一种常态,C校长恰恰是在这个磨合阶段碰了学校的"硬钉子",从"危机"到"转机",C校长自我职能的凸显以及不以自我为中心的领导意识起到了重要作用。

（一）领导职责的凸显：以身示范，引导教师发展

在 C 校长上任一年半的时间里，教师教研成为学校发展的重点，这是这所百年老校的新改观，但是作为学校的领导者，他似乎并不把精力放在管理上，而是放在教学上，用专注教学的影响力来聚合教师。他曾说"我从没把自己当校长，但我需要用校长的职能引领他们。"也许连 C 校长自己都没有意识到他的身先士卒和为师为范是"薪火计划"取得成功的特殊原因。对于领导者身份和领导者职能，C 校长有着清晰的认识。哈里斯（Harris）认为"教师领导力实际上是指教师对领导力的运用，而不是他的职位或者头衔。"①由此可见，C 校长以身示范不仅仅是对教师能力标准的示范，而且是对教师如何成为领导者的示范。自从 C 校长接管 Q 校之后，他一直坚持一线上课、一直坚持随堂听课，当研究者问到从普通教师到校长的角色转换中遇到的最大困难时什么的时候，C 校长做出了这样的回答，

角色转换中遇到的最大的困难，不是管理的问题，而是我自己业务的问题，这个是根本，我如果业务水平再高一些的话，就应该更有话语权带领老师搞教研，更知道老师在提升过程中的困难在哪。而且，如果我的业务水平可以不断提升，我在管理工作中的被认可度会越来越高。所以我现在依然坚持一线上课，上完课以后只要没有行政事务的话，我就去去听课。

---

① Harris, A. Teacher leadership as distributed leadership: Heresy, fantasy or possibility? [J]. School Leadership & Management, 2003：316.

克莱恩(Klein)曾经提出领导者时刻(leadership moment)这一概念,即领导者的身份不是依据头衔确定,而是根据任务的需要确定的,在任务的某一个时刻,这个人是领导者,在任务的另外的时刻,另一个人是领导者,或者说在这一时刻,领导者是这个身份,在另外的时刻,领导者就是其他身份。[①] C校在担任校长职务以来,一直恪守教师教学专业,当他在处理行政事务时他的身份是一校之长,当他站在讲台上时,他就是一名普通教师。这种身份的转换充分体现了领导者身份的动态性特点。对于C校长而言,在学校中无论是何种身份,一个根本前提是守住自己的专业,为了起到以身示范的作用,他对他的老师们说了如下的话。

我对我的老师们说,我自己的课你们随时来听,不用跟我打招呼,没有不方便的时候,任何时候都能来听,我不敢说我每节课都是精品,但是对我而言,我心里必须清楚,每节课我必须有明确的目标,必须要给学生带来哪些收获,必须上完课后想想哪个地方上的好的,哪个地方学生没听懂。不用做调查,我从学生的眼神中就可以知道,我上的怎么样。所以有很多年轻老师就随堂听我的课,他们对这一点还是很服气的。现在领导都不好干,如果你自己专业都不行,哪有资格对别人的课对别人的发展指手画脚。

从对身份的认知上,C校长明确自己的校长职责,但同时保留自己的教师身份,坚持一线上课和随堂听课,对学校教师的发展起到了带头示范作

---

① Klein, Ziegert. & Knight& Xiao. Dynamic delegation: shared, hierarchical, and deindividualized leadership in extreme action teams. [J]. Administrative Science Quarterly, 2006, 51: 590 – 621.

用。正如斯娃(Silva)所言"影响力是教师领导者发挥领导作用的主要手段,建立成功的工作关系对教师领导者来说是至关重要的。"①当普通教师推开 C 校长课堂之门的那一刻,一个成功的工作关系就已经建立了。

(二) 领导身份的消隐:我从没把自己当校长

纵观整个访谈过程,有一点值得引起注意,在谈到"薪火计划"时,C 校长的口吻始终是"我们"而不是"我","我们做了一个特色的环节"、"我们把这个组织架构重新搭建了一下",据笔者多方面对 Q 学校的考察可知,"薪火计划"是 C 校长一手搞起来的,但是在访谈中,他还是说"我们……",这是一种无意识的反应和表达,这说明 C 校长在潜意识里认为校长代表的是学校这个集体而非校长个体。没有了学校,也无校长可言,这种意识为"薪火计划"的顺利发展奠定的基色。

此外,校长通常被认为是正式的改革驱动因素。但过了一段时间之后,学校思维就会转向智囊团(即教学领导团队),以此用来补充和支持校长的领导工作。这表明倘若校长单独处理和执行改革议程,它的复杂性和局限性是显而易见的。② C 校长在上文中"我们"的表述就有将学校思维转向智囊团的意味。而当他的表述由"我们"变成"我"的时候,则发生在下面的情境中。

我对自己的定位也不是一名校长,我认为在学校里我就是一名老师。

---

① Silva, D. & Gimbert, B. , & Nolan, J. Sliding the doors: Locking and unlocking possibilities for teacher leadership [J]. Teachers College Record, 2000, 102: 779 – 804.

② Gronn, Peter. "The future of distributed leadership. "[J]. Journal of Educational Administration. 2008, 46(2): 141 – 158.

我经常跟老师说,当校长就一张纸,哪天任命你就是,哪天免去你就不是,但是当老师是一辈子的,教书是我一辈子的追求。

尽管在吉布(Gibb)那个时代的观点潮流中,他怀疑领导是否是一个人的垄断,他说到"心理学家和社会学家倾向于认为每个群体都有领导者,然而,明确的单一领导却很少发生。"①事实上,"没有校长的支持,教师领导是不可能发生的。"②在现代领导力框架中,无论是单一领导还是复合领导,这主要取决于校长对自我的领导者定位以及自己与教师的关系是否明确。分布式领导为校长与教师角色的转换始终保留渠道,但是二者角色的转换是在校长引导下的此消彼长。这是一个较难把握的"度",一旦校长在学校中的领导成分过重,就会被贴上英雄主义领袖的标签,这是对现代领导者转型表面现象的误判。

(三) 领导者与教师在分布式领导中的权变

从"薪火计划"透视校长的管理,"薪火计划"的实施是一个不断去行政化的过程。C校长多次强调专业对于教师和学校发展的重要性,他正是通过去行政化的专业领导实现对学校的有效管理。教师作为跟随者,必不可少受到校长的引导,于是整个学校教师和领导者的工作重心就会发生如下(图5-3)的权重变化。

---

① Gibb, C. A. "An interactional view of the emergence of leadership" [J]. Australian Journal of Psychology, 1958, 10(1): 103.

② Bishop, H. & Tinsley, A. & Berman, B. A contemporary leadership model to promote teacher leadership [J]. Action in Teacher Education, 1997, 19: 77 – 81.

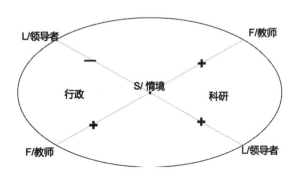

图 5－3　领导者与教师在分布式领导中的权变

这是一个典型的分布式领导的结构图,三个要素"领导者"、"教师"、"情境"。在该图中,一切变化借由"情境"发生,假设学校任务被人为地分为行政和科研两部分,那么领导者与教师工作重心的变化就会借由"情境"发生。其中"＋"与"－"代表权重的分量,可以从两方面得以解读,

一方面,领导者一侧,领导者无疑是学校行政与教学双重任务的承担者,但是在分布式领导中,领导者的行政任务受到削减,教学任务得以增加。领导者的去行政化是实现动态领导力的开端,这是分布式领导的一大突破。传统的领导力理论中成员角色的固定性以及结构的封闭性使得领导力出现"静止"(still)状态,这个词甚至是个人主义集中霸权的良好指标。吉布(Gibb)以历史数据(拿破仑的成功)做分析,事实上,领导者往往是被动的,并且"被迫跟随那些他们必须听从的人的行为",他们只是"带领团队朝着他未曾去过的方向前进"。[①] 但这里的"听从",不是听从跟随者的言行,而

---

① Gibb, C. A. "Leadership", in Lindzey, G.（Ed.）, Handbook of Social Psychology, Vol. 2 [M], Addison-Wesley, Reading, MA,1954：898.

是听从领导者背后的权力集团的声音,正如传统的校长无非也是一个传话
筒,是所在地市教育局的代理,为了打破这种僵硬的局面,使用"液体"
(liquid)作为后现代发展的特点的描述,尽管对二元论、二分法以及分歧
的现象的分类是难以证实的,但是至少这些努力表明了一个方向:远离固
定和不变形式的思考趋势;远离与韦伯官僚主义范式相关的指挥和控制
组织。因而,校长作为权力主体,其行政化的自我削弱就是打破固有思考
模式的开端。

另外一方面,教师一侧在结构上与领导者一侧相同,都是教学与行政的
承担者,其原因在于随着教师领导力的倡导,教师在学校中承担越来越多的
领导职责,同时对行政职务的承担也是教师承担领导力角色的一个表现。
分布式领导对作为跟随者的教师提出了更高的要求,在不断加强自我专业
能力的同时,承担相应的领导角色,这样从行动框架上看,教师作为跟随者
正在向领导者的角色迈进,二者之间会由于"情境"产生越来越多的互动与
共鸣,二者身份的边界在情境中逐渐模糊,这也是吉布在 20 世纪中后期提
出的一个领导观点,他认为对领导者和追随者区分是无益的,因为在现实中
"他们每一种角色都只是暂时的状态,领导者和追随者经常交换角色而且最
活跃的追随者经常会发起领导行为。"①

鉴于此,吉布(Gibb)认为,领导者与追随者的二分法是站不住脚的。二
者势必融合,因此,在这种交互作用中,领导者与跟随者必然会相互影响,

---

① Gibb, C. A. "Leadership", in Lindzey, G. and Aronson, E. (Eds), The Handbook of Social Psychology, Vol. 4 [M]. Addison-Wesley, Reading, MA, 1968:252.

"领导者不可避免地体现了追随者的许多品质,两者之间的关系往往非常近,以至于很难确定谁影响了谁以及在多大程度上影响"。① 只能通过群体中的影响等级来区别领导者和追随者,正如福莱特(Follett)所言,相互影响不仅仅意味着 A 影响 B 的所有方面,以及 B 影响 A 的所有方面。它还涉及 A 怎样影响 B,而 B 又是如何通过 A 的影响发生改变的。② "薪火计划"从构思到实施再到效果呈现正是 C 校长如何影响教师以及教师如何发生改变的过程。

---

① Gibb, C. A. "Leadership", in Lindzey, G. and Aronson, E. (Eds), The Handbook of Social Psychology, Vol. 4 [M]. Addison-Wesley, Reading, MA, 1968: 271.

② Metcalf, Henry C, Urwick. Dynamic Administration: The Collected Papers of Mary Parker Follett. [J]. American Journal of Nursing, 1940, 43(5):518.

第六章　基于扎根理论的机制探寻与路径优化

　　分布式领导为校本教研的实践困境提供了有力的分析框架和审视视角,但是学校仍然需要一套有效的机制指导校本教研的实践运行。基于此,笔者基于本书的访谈调查,运用扎根理论对校本教研进行模型构建。选择这一研究方法其原因在于扎根理论遵循"自下而上"的编码方式,这在方法起点上克服了校本教研"自上而下"的管理弊端,三级编码之后得出的"校本教研主体间影响机制"是来源于教师对理想教研状态以及成员关系的描述并以此为依据提出路径优化策略。

一、校本教研影响机制建构的过程

　　运用扎根理论对校本教研经过开放性编码、主轴性编码以及选择性编码等三级编码过程,利用Nvivo12质性研究软件对原始访谈材料进行初步整理和分析并不断抽取上位概念,以寻求理论饱和并逐渐形成校本教研的模型。

(一) 校本教研现状的微分析

　　校本教研现状的微分析主要由扎根理论的开放性编码(open coding)完

成,这是对访谈材料进行初步分析、分类和提炼的过程。这一阶段编码的主要特征是通过对材料概念化与范畴化的分析,不断提取上位概念。在概念化编码阶段有三种方式。一是可以直接采用被访谈者口中频繁出现的关键词,这是最接近研究者语义原貌的一种方式,也是概念化编码常用的方式。二是如果关键词不能准确表达所抽取的概念,那么研究者可以融合关键词自创整合性概念。三是可以根据对该领域文献的阅读,引用文献中已有的学术名词。这三种方式具有阶段性特点,可以分别引用,也可混合引用。但是不管采用哪种方式,概念与范畴的产生都是暂时的。为了达到并呈现本质的概念范畴,并使之达到理论饱和的状态,需要研究者不断在原始材料与概念范畴之间循环考究。开放性编码包括凝练概念与发展范畴两个步骤。

1. 凝练概念

凝练概念的过程就是对转录后的访谈材料进行微分析的过程。首先对每一个访谈者的访谈内容进行初步筛选,剔除无关材料,对有效材料进行编码匿名。其次,逐词逐句地对转录材料进行分析,并根据其现象提取该概念,对其"贴标签"。如(表5-1)所示。下表中1、2、3、4、5……n 表示随机出现的先后顺序,"a + n"指代原始转录材料的分析单元;"A + n"指代经过分析后对现象的概念化表达。"AA + n"指对概念进行归类后形成的范畴。

表 6 – 1　开放式编码之凝练概念（节选）

访谈资料	概念化	范畴化
a1：他是武汉大学的硕士研究生毕业的，他的性格虽然内向，但是做题水平各方面都还是非常强的。像武汉大学的以硕士研究生到我们这种学校来教书的话还是很难得的.（Y-D-1）		
a2：我觉得之前听过一个历史组的一个小女孩上的一个课，就让我觉得很眼前一亮，那节课叫《五四爱国运动》，他的课设计的很有活力，能够让学生思维发散又能带回到核心知识点上。（S-T-3）	A1：老教师与青年教师间的相互影响（a2/a3/a3/a4/a5）A2：校长与教师的相互影响（a6）A3：教师与学生的相互影响（a7/a8）	AA1：成长的相互性
a3：他比我们年轻那么几岁，但是从口头表达、专业知识，包括他的一些想法，我都觉得能让我引以为鉴。（S-T-3）		
a4：我在生物组算是年龄比较大，而且到学校时间比较长了，积累了一些教学方面的经验，我会分享给他们，然后他们也会促进我的成长。（R-L-1）		
a5：他们会虽然年轻没有经验，但是他们会带来一些新的东西。教学相长说的就是这个意思，就是彼此互相学习。（S-T-1）		
a6：老师是站在老师那个角度去想，领导要从领导的角度去统筹一下，但是校长要特别体谅和理解教师这一点，我们是都看在眼里的，所以教师们也都特比理解校长…他主要是体谅老师，我觉得一个校长要体谅老师的话，这就是真正的抓住了学校的关键因素。（R-L-1）		
a7：我就有一个命题作文，学生学写一篇作文。他们写完以后，其中有一个孩子特别让我触动，他说高考是为了什么？说高考并不是我的人生的终极目标，我的终极目标是生活，生活才是我是我人生中最本来的模样。（D-L-1）		
a8：我以前有一位同事呢，他不是领导，但他那也很有影响力，他写了一本书，他在无锡教育的博客上有很多教育日记，他把这些教育日记整理成册出版了，也得到了他的学生的认可，得到了家长的赞赏。（W-T-1）		

（续表）

访谈资料	概念化	范畴化
b1：我们学校除了大校长，剩下的都讲课。他们都很平易近人，没有架子。(J-T-1) b2：我们这个校长，他有能力还很温和，就感觉他就是不像领导，没有架子……校长实际上他有自己的理论，他说，你要把老师当人来看，而不是当干活的看。(R-L-1) b3：我对自己的定位也不是一名校长，我认为在学校我就是一名老师。我经常跟老师说，当校长就一张纸，哪天任命你，哪天你就是，免去你，你就不是，但是当老师是一辈子的。(Q-H-1) b4：我不把自己当领导，张老师原来说过一句话，别说语文教育主任，即使是校长也不是领导，他有一篇文章"请不要蠢到把校长当领导"。(D-L-1) b5：校长看见你的时候，他总是先主动地去跟你说话。然后他就会问你，"你看你平时人家都说赵老师讲课是最棒的，你看我得什么时候去跟你学学?"其实他就是想听课，但是在这种交流中，他就让你感到他不是校长，他就跟你平起平坐，反正就是平易近人那种。(R-L-1) b6：比如说我们这个领导给你一些任务，其实这个任务压力很大，但是通过他说完这个任务之后，你就觉得给你精神上减轻了压力。(S-T-1) b7：我们校长说，一定要心中要有他人，如果你心中有这个组的老师，你就是一个好的备课组长，如果你有全校的语文老师，是好的语文组主任，如果你的心中有全校的老师和学生，那你就是一个好校长。(D-L-1)	B1：校长没有架子(b1/b2/b3/b4) B2：校长心中有他人	AA2：校长身份的去中心化

（续表）

访谈资料	概念化	范畴化
c1：各个学科老师都可以给他成绩，就是会根据这一学期他表现的好与坏来考量，每一个老师有一分的赋分权，班主任会有十分的赋分权。（S-T-1） c2：老师在教研活动中有很大的发言权，因为老师是跟学生去直接接触的，提出的建议都比较有价值，所以老师的发言很有影响力。（B-L-1） c3：每周二的全校的大会上，校长有什么大事会公布一下，然后征集底下老师的意见。（S-T-3） c4：他在做一些决策活动的时候，他从来都会听取老师的意见.（R-L-1）	C1：教师有赋分权（c1） C2：教师有发言权（c2） C3：教师有参与权（c3/c4）	AA3：教师享有权利
d1：学校有教代会，比如说当教师代表去的时候，教师代表会从普通老师那获取意见，然后去反映，把各个年级的意见集中在一起，然后交到上面去，然后根据这些意见大家来讨论。（S-T-1） d2：每年举行一次教职工代表大会，在教职工代表大会上老师说的话，只要合理的，校长肯定会采纳，不合理的，他就会做出解释。（D-L-1） d3：比方说要买50台电脑，就连这样的事你也不能一个人拍板，都得通过会议决定，然后有会议笔记。没有的话，上边就不会批准，现在都是集体决策。（D-L-1） d4：学校大校长在做决策的时候做会去征集老师的意见，我们有教研组长微信群，还经常要开个教研组长，有那些大事的时候，他就要征求意见。（Q-L-1）	D1：教师代表大会是教师民主参与的渠道（d1/d2/d3） D2：教师意见受重视（d4）	AA4：民主决策

经过分析整理,本阶段共提取了76个现象标签。其概念化与范畴化是相互承接而来的如(表6-1),但是篇幅有限,无法呈现所有现象的分析单元。因此,但是,为了呈现一个完整清晰的序列化过程,在开放编码的第二阶段呈现范畴化结果。

2. 发展范畴

发展范畴是开放式编码的第二步,即在细致分析原始材料的基础上,把凝练出的概念进行归类,用同一个上位概念来概括并形成范畴。如上表中的"教师有赋分权"、"教师有发言权"、"教师有参与权"三个概念可以用"教师享有权利"来概括,依据这种概括方式,本书初步形成了29个范畴。如(表6-2)

表6-2 开放性编码之发展范畴(一)

编号	范畴
AA1	成长的相互性
AA2	校长身份的去中心化
AA3	教师享有权利
AA4	学校民主决策
AA5	阻碍因素
AA6	课堂的融合性
AA7	学习的自主性
AA8	理想与实践的矛盾
AA9	榜样非领导的影响力
AA10	校长的职责

（续表）

编号	范畴
AA11	校长的人格魅力
AA12	校长以身示范
AA13	教研结构的划分
AA14	教研组长的作用
AA15	教研组长的人格魅力
AA16	教研组长不是领导
AA17	教研组的和睦氛围
AA18	教研活动的形式
AA19	教研活动的核心
AA20	教研活动的检测
AA21	教师的日常状态
AA22	教师权利的缺失
AA23	教师成长的标志
AA24	教师成长的方式
AA25	教师成长的动力
AA26	教师对教师领导者的片面理解
AA27	教研的情境化
AA28	功利性视角
AA29	人际关系的阻碍

扎根理论最显著的特点就是通过分析原始材料,不断寻找上位概念,不断的总结概念范畴。从概念化到范畴化既是一个线性的过程,也是个循环往复的过程,需要研究者不断进行比较、重组和归类。尽管已经形成了29个概念范畴,仍然无法呈现清晰的线索。因此会对初步形成的29个概念范畴进行进一步的概括。（下表6-3）

表 6-3 开放性编码之发展范畴（二）

1. 教研学习的属性 （AA1/AA6/AA7/AA27）	5. 教研活动的规则 （AA17/AA18/AA19/AA20）
2. 教师成长 （AA3/AA21/AA23/AA24/AA25）	6. 团队人员 （AA10/AA14）
3. 阻碍因素 （AA5/AA8/AA22/AA26/AA29/AA28）	7. 组织架构 （AA3/AA4）
4. 非权力影响力 （AA2/AA9/AA12/AA15/AA16）	

至此，经过三层提炼，在发展编码阶段，我们最终得到 7 个范畴，这将对下一步的主轴编码做出重要贡献。

（二）校本教研的主轴范式模型

主轴性（axial coding）编码是发展范畴与模型构建之间的桥梁，它的主要作用是寻找范式模型，将具有群聚特征的范畴和概念加以联系，进而形成清晰的线索。通过上一级发展编码，我们最终得出 7 个编码范畴，问题在于如何让这 7 个编码范畴形成清晰的故事链关系。施特劳斯提出了一个编码范式模型，即将不同类属按照故事发展的顺序连接起来，这个编码范式包括如（图 6-4）所示的六个部分。

图 6-4 主轴编码范式模型①

---

① 陈向明. 扎根理论在中国教育研究中的运用探索[J]. 北京大学教育评论,2015(1):2-16.

主轴编码范式模型的六个部分依次包括因果条件、现象、情境条件、干预条件、行动以及结果。这六个部分的主要作用是串联表6-3得出的编码范畴，使之形成一幅完整、连续的故事图景。但是如果从还原故事图景的角度来看，现有的编码范畴略显干瘪，它明显不能够覆盖主轴编码范式模型的序列部分。因此，这就需要研究者通过阅读有效访谈材料，不断回忆和还原访谈现场，根据施特劳斯的主轴编码范式模型，在充分思考与重组的基础上，使其逐渐呈现一条清晰的故事线索。它所唤起研究者的不仅仅是学校校本教研的线索链，更是对这个研究思路的重新梳理。

因此，以主轴编码范式为模型所展开的故事线索如下：

【因果条件】教师专业发展在学校现代化进程中成为教育改革的切口，而教研活动以其持续性、日常性和研究性等特点成为促进教师专业发展的理想方式。

【现象】教研活动在实践中的机械化形式化运作使得出现教师倦怠、懒散等消极情绪，最终导致教研活动遇到瓶颈。校本教研的应运而生打破了教研活动的死寂，它以教师发挥为中心，提倡教研活动的情景化及情景化的教研活动。

【情境条件】新手教师、经验教师以及以教研组长、校长成为校本教研的主要团队成员；扁平化成为这一组织结构的主要特点；教研活动的开展形式、检测方式以及关键特点成为保证其运作的基本机制，以上这些都将构成小本教研活动顺利展开的情境条件。

【干预条件】任何事情都不是一帆风顺的，在实践的过程中，行政化因素所带来的人际关系的负面效应、教师权利的缺失、教研活动的功利性、教师对教研活动片面的理解以及学校领导的不重视等都将构成校本教研活动顺利开展的阻碍因素。

【行动】积极回应这一问题首先要从团队成员的主体作为入手。一方面,要找到教师成长的方式与规律;另一方面,校长、教研组长、师傅等在教学活动决策、运作过程中其身份的去中心化将极为有助于教研活动的发展。

【结果】至此,我们致力于实现的是在扁平化的组织结构中教师成为领导者,校长与教研组长实现以非权力影响力的领导方式,三方共同致力于构建基于学校情境、教师情境、学生情境的动态教研活动。

因而,结合主轴编码模型范式以及本书自身的特点,可以大致得出校本教研的线性发展脉络。(如图6-5)

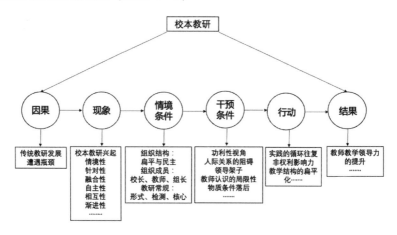

图65　校本教研现行发展脉络图

图6-5根据施特劳斯的编码范式,在主轴编码阶段,对校本教研运行情况以故事链的形式进行编码整合,并以概念图的方式加以呈现,这是对上文故事链描述的一种提升和概括,也是扎根理论常用的表达方式。

（三）校本教研的编码分析结果

选择性编码(selective coding)是扎根理论编码的最后一个阶段,是以上两个阶段已经发现的类别经过分析后精炼的过程,主要是指选择核心范畴,系统的说明和验证主要范畴和其他范畴之间的关系。它具有统领性,与其他组织部分相联系,并形成一个完整的解释架构。

"资料分析与搜集的同时进行"是扎根理论作为质性研究方法一大特点,而且也是笔者应该恪守的研究准则。在整个材料梳理的进程中,笔者对两个现象产生困惑。其一,校本教研是在传统教研遭遇瓶颈之际产生,但是在第一轮调研中,近半数以上的被访谈者(普通教师)对于自己是否在从事校本教研表示不确定,认识模糊,而在这个过程中,校本课程(教材)往往成为教师眼中是否从事校本教研活动的显性标志,这一现象背后的原因是什么? 其二,在大多数情况下,教研组长同时承担师徒结对中的师傅身份,那么,对于初任教师而言,其成长的有效路径是在教研组长组织的教研活动中,还是在与师傅的交流学习中? 如果由于教研组长身份的重合,这一点在之前的访谈中没有得到透彻的回答。诚然,培训、讲座、研讨等各种形式都可以构成教师的成长路径,但是如果这当中存在明显的比重差别,并探索背后的机理,那将会是一个很有意义的研究发现。

基于此,研究者展开了第二轮的调研。由于第一轮访谈的抽样原则是"多样性与可获取性",涉及安徽、陕西、合肥、河南、北京等地区,从总体趋势上看,中部发展中的县城学校占大多数,为了避免获取重复或无效数据,第二轮访谈采取"侧重性与可获取性"原则。于是,笔者访谈了北京两所一流学校的教师以及中层领导共计六位。在通过对第二轮访谈资料的转录、分析与整合中，研究者发现，教师自身的素质、眼界及身处的位置决定了其对事物的理解。其中有两点得以明确。第一点用来回应"大部分教师对校本教研认识模糊"的问题，这一困惑始于一个起点性的问题，即教师对究竟"何为校本教研"这一问题认识不清。其实大部分学校在做校本教研，而教师由于身处其中并不自知，并且把校本教研跟某种具体的显性形式联系起来。事实上，校本教研在我国尚处于初级阶段，"校本"打破了泛泛研究的弊端，强调针对性和情境性。因而，校本教研的精髓不在于显性形式，而在于一种隐形意识，一种时刻存在的有针对性的思考意识、研究意识。因此，校本课程、校本教材以及集体备课等是校本教研的承载形式，但其实真正的教研不一定非要拿出整块时间单独实现。"教之先"的思考、"教之中"的调整以及"教之后"的反思都是校本教研，这就是典型的具备校本教研意识的表现。这一观点在第一轮调研中有一位校长明确提出过，但由于属于个案，所以当时并没有引起笔者的重视。在第二轮调研中则在一定程度上形成了被访者的共鸣。第二点用以回答"究竟哪种方式是促进新教师成长的有效路径？"这一问题几乎得到了不约而同地回答，即师徒结对。但需要注意的是，新任教师在师徒结对中的成长不是一次完成的，需要经过一个循环往复的实践过程。如师徒课堂互听，徒弟积极的学习态度，师傅及时耐心的指导，但是所有的这些都是在对课程的打磨中实现的。这一点在第一轮访谈中也有提到，即"听课－磨课－上课"。因此，综合一、二轮访谈的分析结果，笔者以实践主体为线索构建了以下研究模型。（图6－6）

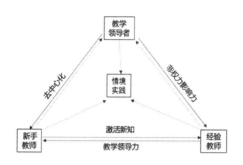

图 6-6　校本教研中主体间的影响机制

从总体上看,"校本教研主体间的影响机制"实现了从权力下放到重心下移的过程。与学校系统不同,在教研系统中,以校长为首的教学领导者承担影子领导者的角色,努力实现其身份的去中心化以及非权力影响力。对于校长等行政领导来说,从显性领导者到影子领导者的转变过程是较为困难的,容易在实践中产生问题。例如有不少被访谈者表示校长根本不过问我们的教研,全都是自己搞。但是有更多数的被访者表示,校长在这个过程中给予了教师充分的自主权,没有进行行政化干预,反倒是在细微之处体现着对教师专业发展的关爱。例如校长以身作则,坚持一线上课;放下领导架子,与教师们真诚互动交流等。因而,在校本教研系统中,校长等教学领导者是一个发挥隐形影响力的重要主体,关于此模型的具体特点将在下文具体展开。

二、校本教研主体间影响机制的着力点

关于三个角色各自所代表的身份,需要有所说明。虽然学校校本教研

活动的构成主体有三个部分,即教学领导者、新手教师与有相当经验的教师。但这里的教学领导者既指学校正校长,也指主管教学的副校长。有相当经验的教师指代师傅以及教研组长,有时二者身份重合。根据访谈资料显示师傅在教师的成长道路中更为重要,三者之间通过各自的影响力在现实中以实践为载体实现两两之间的交流互动。从整个概念图的构成看校本教研中主体间的影响机制呈现出以下几个特点。

(一) 以影子领导者的影响力为核心

从图 6-6 中可以看出,影子领导是教学领导者追求的理想境界,通过两方面发挥隐性领导力。一方面将校长身份去中心化,融入教师群体中。另一方面通过一种非权力影响力发挥自己作为校长的领导职责。从校长视角而言,在影响力发挥层面,其对象教师与师傅往往并无本质差别。需要说明的是,影子领导者不是弱势领导者,弱势领导者缺乏领导者应该具备的权威、号召力和影响力,而影子领导者具备领导才能,他是以身作则的隐性领导,而非权威式领导。这一点可以从对两个问题的探究中找到佐证,第一,影子领导者究竟是什么样的? 这个问题可以回归到"太上,不知有之"中寻求答案,真正的领导者似乎没有人知道他的存在,实际上,他是退出系统,走在群众之后的那个人,而不是站在群众中间指点江山的那个人。第二,影子领导者如何实现领导管理? 孔子说,"其身正,不令而行;其身不正,虽令不从。"这句话的意思是说领导者本身就是一个标杆,要求别人的事情,如果领导者先做到了,那么其政令的推行往往就是顺畅的;如果领导者这个标杆并不笔直,却要求他人笔直,即便是发布强制的命令,跟随者也不会跟从的。

在本书,校长坚持一线上课,坚持通过自我的言行来影响教师等,就是显著的实例。值得注意的是,虽然教学中一直提倡减少行政化干预,但是减少干预不等于放任。在笔者分析访谈资料的过程中,在问到"对自己影响最大的领导者"的时候,老师们口中的校长往往不是权威性的,而恰恰是既温润又有影响力的,既让人感觉"无为",却又"大有所为"的形象。影子领导者很少以命令的口吻要求教师,他需要教师做到"先理解,再行动",这是一种从内向外的行动方式,是影子领导者发展隐性领导力的主要体现。

(二) 以师徒之间的良性互动为支点

阿基米德曾说,"给我一个支点,我就能撬动地球。"让校本教研实现倍速增长的那个支点或许就是师徒结对。在访谈中,被访谈者对校本教研的认识各异,关于校本教研活动的形式可以多达十种,如集体备课、区级教研、同课异构、切片教研等个性化活动等,但是最有助于教师成长的方式则指向师徒结对。这一点得到不同身份的被访谈者的证实。师徒结对是最具有校本特色的促进教师专业发展的方式。其特点是指导的个性化与随时性、实践的反复性与可持续性,师徒代际之间具有传承性,同时,不同师徒之间的经验与风格又具有不可复制性。例如,对课程的精心打磨,是新教师成长不可缺失的一个重要环节,他们要经历"备课-说课-上课-评课-反思"的过程,而且不断在这个过程中反复实践。许多老师教带徒弟的有效办法是持续进行师徒"互听-互评-互研"环节。师傅对徒弟的指导是基于具体场景的,是紧扣课堂实践的,是旨在解决教学中的问题。或同课异构,或示范课,既有亲身经历,又具示范效应。新任教师通常会因为有一个好师傅而感到兴奋不已,而师傅通常也会被新任教师自身的热情、活力、对学习的渴望所感染。在这个过程中,具体教学情境下的互动、互相影响效果显著。因此,这种基于实践的良性互动是校本教研的有效支点。

师徒之间良性互动的典型性表现是教学相长。它是彰显相互影响的最适切的代名词。"教学相长"不仅存在于师生之间,在教师群体之间亦如是,这里有三点需要明确。首先,根据访谈材料的分析显示,校本教研主体间的影响不是单向的,教师与校长、校长与师傅、师傅与教师,两两之间都呈现相互影响的特点。这种相互影响在程度上存在差别,正如在图 6 - 3 中,师徒之间是一种直接明确的相互影响(用实线表示),而教师对校长与校长对师傅则是一种内在的模糊的相互影响(用虚线表示)。其次,校本教研系统不同于学校的其他组织系统,校长是学校教学系统的组织者,而不是主要活动成员。根据访谈中教师的反应中可知,除了组织架构,校长通过去中心化行为对教师产生实际的影响,其表现为没有领导架子,以身作则,体谅教师,为教师赋权,用个人魅力影响教师等。最后,师徒结对是校本教研中促进教师成长最有效的方式。"师带徒"的过程是师傅教学领导力的展现过程,也是徒弟教学领导力的汲取过程。新任教师作为新生力量往往会为师傅带来新的知识和新的想法甚至是思想上的冲击,这也验证着师师之间的教学相长过程。

(三) 以持续的情境化实践为重心

首先是实践的持续性。校本教研主体之间的相互影响,需要通过持续反复的实践实现。关于什么是实践,需要有清晰的定义,实践不等同于简单的操作。例如,在摩登时代中,卓别林在工厂流水线上用大扳手拧螺丝,他长年累月只重复一个动作,这不能称之为实践。因为我们所说的实践是一种有目的、有意义的自我意识行为。对教师而言,成长不是一次完成的,其实践具有反复性。例如"说课 – 磨课 – 上课 – 听课 – 改课"的过程,是教师在交互中最重要的成长路径,多个被访谈者(师傅与徒弟)表示,教师真正获得成长就是在对课程不断地打磨、研究中完成的,往往同一节课要经过多次打磨。需要注意的是,这里所说的"反复性",并不代表实践在做多次无意义的重复,事实上,实践会在反复中向前自我推进。从绝对空间上看,实践永无止境;从相对空间上看,实践的终点取决于教师对自我发展的要求。如果教师认为自己现有水平已经达到心理预期,该教师则会停止成长意义上的实践。因此,校本教研如果变成了脱离实践的说教,那么教师不会得到真正的发展。

校本教研的实践是具有情境性的。在图 6 – 6 中情境包含两方面含义,一是指向校本教研常规,二是指向校本教研内容。一方面,校本教研常规情境的具体性,主要指校本教研以日常规范规定下来的活动类型、频率等,如个人讨论、学科集体备课、区里教研讨论、同课异构等。教师参与校本教研不是随机的,而是以一种规定的方式确定下来的。当然,这一点在第二轮的调研结果中出现了不同的声音,这种不同的声音并不是对现存校本教研活动类型的否定,而是对如何更有效的落实校本教研更深刻地认识,即拥有教研意识。另一方面,校本教研内容情境的具体性,如研究重心下移,从学校与课堂中存在的实际问题入手等,其目的是为了改进教学,而非验证某种理论,有人也将之概括为"为了教学、在教学中、通过教学"。

"校本教研主体间影响机制"是被访者对校本教研理想状态的理性描述,在扎根理论的过程中,笔者坚持"分析资料与搜集资料同时或交替进行"的原则,不断地对问题进行追问,直至理论饱和。然而,扎根理论呈现的结果并非十全十美的。一方面,它受时间和条件的限制,对访谈对象的选择只能尽可能具有代表性,这在某种程度上会对研究结果产生影响。另一方面,理论饱和的达成度只能是相对的而非绝对的。因此,为了趋近对该模型理论饱和的绝对值,扎根理论的研究还应该继续,引入新的访谈者,不断的对理论进行补充和修正。[①]

三、分布式领导视角下校本教研的路径优化

正如本书开篇所言,校本教研在实践中受到学校行政化因素的干扰,解决这一问题需要通过教师和以校长为首的教学领导者们的共同努力,下文将从教师意识、实践路径以及教学领导者的领导方式等方面提出建议。

(一) 聚焦校本意识而非校本形式

当教师对"校本"无感、教研成为负担、教学与教研脱节等类似现象不断叠加出现的时候,教师应该回到问题的起点来思考究竟"何为校本?"、"校本教研与传统教研究竟有何区别?"等问题。无论是"为了教学,通过教学,在教学中"的学说,还是提倡"教师是研究者和领导者"的理念,校本教研归

---

① 殷建华. 走向教育家[D]. 华东师范大学,2011.

根到底要解决的是个性化问题,满足的是个性化需求。这也是校本教研与传统教研的最本质区别。然而,在实施过程中,这种个性化的校本教研有时成了教师的负担。不少教师会发出这样的抱怨,"我一个普通老师,我现在已经一天从早到晚11个小时连轴转了,讲课－备课－批卷子,然后处理学生这些事务,真的没有时间去搞校本教研的事情。"在此情境下,校本教研不仅没有解决个性化的问题,反而使教师又回流到一刀切式的传统教研中去。

在调研中,笔者了解到校本教材编制、切片教研、校区市级的教研活动、同课异构、师徒结对等都是校本教研的活动形式,而有的教师恰恰是陷入了"乱花玉坠迷人眼"的状态。形式越多,负担变得越重。在部分教师的眼里,校本教研成了一种负担。当教师完成了上课－备课－批卷子等"正事",就无暇也无心进行校本教研了,校本教研与教师的日常工作就成了对立的事情。在这种情境下,学生的学业成就是靠教师投入大量的体力和精力获得的,教师用"蛮劲儿"教书,短时间内可能取得一·定的成绩,但从长期看,其实是得不偿失的,这种依靠投入过量的体力和精力来换取学生成绩的方式是有瓶颈的。当精力消耗殆尽,教师便会失去持续前行的内在动力。

因而,教师需要找到形成教育不竭动力的"支点",这个支点就是拥有校本意识。但是需要尤为更正教师头脑中的观点,教研不是教学之外的事,教学本身就是教研,教研活动只是教研的载体,校本意识才是教研精髓的所在。意识不受时间、空间以及任何物质条件的限制,只要人存在,人的意识就存在。于是,教师需要以研究者的心态置身于教学之中,敏锐捕捉课堂上发生的细节、察觉学生的反应、感受文化反哺的效应、反思教学意犹未尽的遗憾等等。所有的这些都是教师的思想活动,都需要借由校本意识来完成。

因此,对于忙碌的教师而言,正是这种校本意识让他们的压力得以释放,作为一个觉醒者来实施教研,以此实现各教学效果的倍速提升。在这个意义上,教师的校本教研是时刻发生的,教师的专业成长也是随时进行的。

(二) 构建以"交流 – 协同 – 互动"为核心的交互实践系统

领导力实践并非个体行为的总和而是在领导者、跟随者以及情境的互动中形成的。尽管本书在文字上对"交流 – 协同 – 互动"做了线性表述,但是在实践中,它呈现出一个交互的实践过程。教师在教研中遇到实践症结,多数表现为理想与实践的矛盾。例如"对专业成长而言,最大困难就是说是高考的功利性和教研活动的有序性是很矛盾的。"(B-L-1)"有的时候在这里边也会有点矛盾,那就是,到底是把原来的知识钻得更精一点,还是要按照咱们新课改的要求,这两方面在显示中不对称。"(B-T-3)根据分布式领导理论来看,任何在实践中产生的矛盾都应在实践中化解,因此如何理解实践中的交互是分布式领导理论的题中之意,也是解决教师实践症结的关键点。

首先,实践系统的运作以交流为起点、以协作为方式,以强调影响力结果的互动使整个实践系统实现动态的循环。首先,人与人之间交流意味着一种互换,交流的本质不在于是否完成互换的行为,而在于这种行为是否对交流主体产生了影响,一位被访谈教师讲了如下一番话。

今天下午讲座的时候,有个教授问了这样一个问题,他说"你觉得学生们在课堂上为什么需要一种讨论和交流?"有的老师说,为了活跃课堂气氛。我说,弗兰西斯培根说过一句话,你有一个苹果,我有一个苹果,大家彼此交流,仍然是一个苹果。你有一种思想,我有一种思想,大家彼此交流变成两个思想。如果要是用论语中的话讲就是"和而不同",因为我们每个人永远不可能是正确的。那如果通过校本培训交流的这个平台的话,我至少心里面得到了一种认可,原来这么做是对的。(B-L-2)

　　苹果之间的交换,其结果还是苹果,而思想之间的交换,却实现了交换的本质,即交换行为对交换主体的影响。尽管交流的主体可以是多样的,包括相同学科背景相同能力水平主体之间的交流、相同学科背景不同能力水平之间的交流、不同学科背景主体间的交流,以及不同层级之间的交流等等,但是根据本书调研得知的信息看,教研组的教师更希望在一种不同能力水平的教师群组内产生交流。如果 AB 两个老师之间是平等的,他们在经验、水平、年龄以及教龄等方面都处于不相上下的水平,那他们之间的交流本质是巩固共同的知识及技能基础。然而,从整体上看,任何一所学校、学科组以及教研组都不可能出现教师水平完全对等的情况。真实的情况是,教师的水平、经验和年龄总是参差不齐,如果教师之间能够打破所谓等级与身份的壁垒,那么真正的思想碰撞就是在参差不齐的水平中产生的。只有存在差别,教师才会有取长补短的动力和可能。

　　其次,关于协同在领导力实践系统中的功用。协同的过程不可能一蹴而就,必须经历分工后的碰撞、交流和融合。分工具有辨证性。这种辨证性体现在分裂和融合。随着学校任务的激增以及现代学校理念的迅猛发展,领导力分工的过程随着教师专业化的过程而自动完成。[1] 分工不是分配,

---

　　① Sayer, R. A. & Walker, R. The new social economy: Reworking the division of labor [J]. Blackwell, 1992: 15 – 17.

分配是被动的,自上而下的,分工带有自动化含义。分工的另一层含义是整合,即整合差异化中不协调的因素。因此分工既让团队中的成员"各就各位",又让他们"步调一致"。团体的"合唱"是解释"分工"的一个很好例子,合唱的精髓不仅是步调一致,更是错落有致,步调一致是为了目标的实现,但错落有致是在实现目标过程中合理分工的默契表现。这种默契的关系为协同奠定基础。吉布斯在提到整体主义时说到"领导情结",这里构成"领导情结"的行为分析单位就是协调行动,而不是个人行为的汇总。作为学校的领导层至少可以采取三种形式进行协调行动。第一,利用工作场所中自发产生的协作模式。第二,给予充分的理解是同事之间保持协同关系的助推器。第三,有意识地设计学校领导组织活动,通过结构关系与制度化安排实现协同合作,这些形式都将构成分布式行动正规化的尝试。

最后,关于互动在领导力实践系统中的价值。长久以来,领导力被定义为多种方式,领导力视角通常聚焦在团队建设以及个人品质方面,而领导力常常被视为一种行为、一种劝说的形式、一种力量关系。但是,布斯(Bass)在20世纪末明确提出领导力的核心价值在于"领导力的实施产生了组内两个以上成员间的互动,这种互动经常会影响或者重塑成员的情境、知觉以及组内的结构。"[1]因此,领导者是一系列改变的代理人。领导力的互动给人们的影响大于他人行为给人们的影响。如今,青年教师的成长路径之一是

---

[1] Bass, B. M. Two decades of research and development in transformational leadership [J]. European Journal of Work and Organizational Psychology, 1998, 8(1): 9–32.

通过教研员、骨干教师和学校领导的引领,实现教学技能的提升。多数教师乐于和资深教师共同研讨,以获得专业支持和引领,[①]这就是教师之间的互动对个人成长产生的影响。

总之,交互存在于实践系统中,这种实践系统是由主体之间通过交流、协同、互动而构成的动态循环。它的重点不在于产生行为,而在于发生影响,这种影响中的相互关系是审视领导力实践的关键。分布式领导理论一再强调,领导力实践就是在领导者、跟随者与情景的互动中形成的。这种方法与"领导者+"的方法不同,后者关注的是识别领导者并鉴别他们的行动,从分布式视角来,仅仅考虑领导者行为是远远不够的,因为总体大于各部分的相加总和。因此,在一个分布式的结构中,我们必须从领导力实践开始,观察领导者是谁,并且探寻领导者与追随者之间的互动关系。

(三) 扩大教学领导者的非权力影响力

分布式领导理论为学校教育所做出的贡献之一就在于让我们重新审视领导力与影响力的关系。在分布式领导出现之前,戈登 (Gordon) 致力于论证"先前的权力形式是如何继续将那些具有正式职位的个体统治地位合法化的"。他提出,"领导意味着权力,就像权力意味着领导一样,因此,无权力的领导是被视为无知的领导,权力总与领导的实践和话语联系在一起"[②]。

---

① Gu, L. & Wang, J. School-based research and professional learning: an innovative model to promote teacher professional development in China [J]. Teaching Education, 2006, 17(1): 59 - 73.

② Gordon, R. D. Dispersed leadership: Exploring the Impact of Antecedent Forms of Power Using a Communicative Framework[J]. Management Communication Quarterly, 2010(24): 260 - 287.

这种观点使得那些非正式领导者地位的合法化遥遥无期,权力的集中也加剧了对英雄主义个人领导者的歌功颂德。因此,在这一点上,分布式领导作为一种散发着民主气息和代表群体利益的先进理论通过扩大非权力影响力,努力扶正和稳固非正式领导者的地位。

所谓非权力影响力是一种由领导者自身素质与魅力所形成的自然性影响力。它没有权力的控制,没有固定的行政官职,也没有上下级的任命,就是在群体中自发的一股影响持久和广泛的力量。在本书中,校本教研中的行动案例,不乏一些非权力影响者。他们潜心教学,其对教学钻研的精神以及持之以恒的毅力构成他们的一言一行,进而影响着身边的教师。这种影响是浸入式的,毫不奢华却历久弥新。有些访谈对象在访谈过程中表达的对这类教师的敬佩是难以言明的。即便有的这类教师已经退休,但是在被问到对自己专业成长影响最大的人的时候,访谈对象还是会不自觉的追溯到与非权力影响者共处的时期。扩大非权力影响力在于培养非权力影响者,非权力影响者有两个突出的要素,第一是能力要素,学校的非权力影响力的拥有者首先具备过人的专业能力。他们在课堂教学、教育研究或者兴趣特长方面有自己独到的见解和坚持。"桃李不言,下自成蹊",他们的自身的人格力量比说教的作用要大得多。第二是情感要素,这一点对于非正式领导者尤为重要,他们总是为人谦卑、和蔼可亲,关心同事或下属,这样身边的人就会对这位领导者产生信任以及强烈的归属感。由此可知,非权力影响者既可以是正式领导也可以是非正式领导,其领导地位是否合法化并非是构成非权力影响力的依据。

除此之外,关于非权力影响力的考量标准尤其值得引起注意。非权力影响力所看中的不是学校领导者做了什么以及怎么做的,它的重点在于领导者的做法对教学活动以及教学主体所产生的实际影响。例如以教学领导者随堂听课为例,以"权力"为中心的领导者看中的是领导者是否随堂听课、听课的频率、是否给予了反馈(是否行使了权力);以"影响力"为中心的领导者看中的是教师对领导者反馈的回应(是否产生了影响)。当领导者一旦将焦点由"权力"转向"影响力",那么学校教学考察的标准就会更加注重教师的反应、互动以及成长。但是需要注意的是权力可以当场表现,影响力则可能滞后发生。① 影响力是一种持久而又绵长的力量,它对个体的浸入是一个潜在的过程。因此,学校领导者要有意识,有信心在根本上推动学校从依赖于原有的"法定权力"向依赖于组织的"影响力"过渡。②

(四) 把握影子领导者的隐形之度

影子领导者是领导力理论的最高境界,回归到本书开篇所讲老子箴言,"太上,不知有之;其次,亲而誉之,其次,畏之;其次,毁之。"其中,"不知有之"就是一种典型的隐性领导,其领导作用不在于发布命令和实施权威,而在于在领导者所营造的场域中实现无为而治。纵观整个研究搜集数据的过程,笔者发现在学校系统尤其是在学校教研系统中,校长现有角色具备影子领导者的基础。其表现依据如下。

---

① 冯大鸣.分布式领导之中国意义[J].教育发展研究,2012,32(12):31-35.

② Sandra Jone. "Distributed Leadership:A Colaborative Framework for Academics, Executives and Profesionals in Higher Education"[J]. Journal of Higher Education Policy and Management, 2012, 34 (1):67-78.

"这个校长有权威但还比较感性，他在讲话的时候会投入他的感情，他个人的那种就是人格魅力特别影响你。"（S-T-1）"学校领导还是比较亲亲民的，因为教育口跟行政口还是不一样的，它不是那种上下级完全上下级的那种命令似的那种。"（D-L-1）

根据被访谈者的反馈可以得知，一方面，从整体上看，这些校长基本具备影子领导者的素质，如温和谦卑、平易近人、没有领导架子以及具备人格魅力等。另一方面，这些校长参与但并非强制干预教师的教研活动。当然，每个人的领导方式不同，有的善于搭建教学组织架构、有的善于监督具体教学活动、有的倾向于为有潜力教师创造机会，也有的仅是对教研一事做出蜻蜓点水般的过问。这些方式在教师一方产生了两种反馈。一是校长信任教师，给予了教师很大的自主权。二是教学教研领域并没有引起校长的重视，两种截然不同的反馈为如何在学校系统中践行影子领导者提供了宝贵的线索。即影子领导者的隐性之"度"，把握这一点的关键在于如何理解影子领导者的"无为"。"无为"不等于"不做"，不是搁置，不是置之不理。影子领导者的作用在于用个人的影响力和魅力营造一个"场"，在这个"场"中，教师自愿成为跟随者，主动承担责任。

影子领导者如何让教师卷入这种隐性的场域成为摆在校长面前的难题。莫菲（Murphy）表示，校长在这个过程中需要通过分布式的视角去敏感和察觉教师的需求。在学校实践中有三个影响因素需要引起注意，首先，关于资源的享有，主要指领导给予潜在教师领导者以展示才能的机会和平台以及充足的时间。其次，关于奖励和表彰的意识，主要是物质奖励以及精神奖励，物质奖励集中在绩效工资，或者获得稀少的外出培训机会；非物质奖励内包括公开表彰教师或私下鼓励教师工作。最后,关于角色的清晰度,这一点主要针对平级同事之间,在分配领导责任以及机会享有方面,要有所权衡,避免同事之间产生怨恨。从理论上讲,领导力通常出现在一个团队的成员调整他们的动机或能力时,但是实际情况往往不是这样,有时教师不能够被校长的努力所影响,有的教师可能接受领导力活动,但是却忽略领导力实践对他们工作动机的影响。① 所以校长在实践中要及时调整策略,以控制正确影响力的流向。

综上所述,影子领导者需要注意两个关键点。一是实体的消隐,二是影响力的存在,二者缺一不可,这样的领导者是走在跟随者后面的那个人。他给予跟随者展示自我的舞台,将荣耀归功于跟随者。影子领导者的作用是致力于学校教学框架的建构、愿景塑造、文化建设。他们处理事情奖惩有度、游刃有余并且努力让学校变成一个价值共同体。此外,影子领导者与跟随者之间不存在领导与被领导、管理与被管理的关系,跟随者所跟随的是一种影响力的流向,而领导力的作用就混杂在这种影响力的流向中与其共同发生作用。但事实上,如果影响力的流向很难确定,吉布(Gibb)认为正式领导者的身份应该被忽视,而以跟随者的集体工作作为替代方案。一方面,在代替方案执行的过程中,不需要对成员之间的职能分配进行先验假设,以此更进一步推动二者边界的溶解。② 另一方面,作为必须由群体执行的一系列

---

① MacBeath, J. Leadership as distributed: A matter of practice [J]. School Leadership and Management, 2005, 25(4): 349-366

② Gibb, C. A. (1968), "Leadership", in Lindzey, G. and Aronson, E. (Eds), The Handbook of Social Psychology, Vol. 4 [M]. Addison-Wesley, Reading, MA, 1968: 272.

功能,领导力最好被视为一种群体力量,这些功能既可以集中,也可以分散,而且因为没有领导关系本身的力量,那么就可以通过群体中个人的领导频率来识别领导者。英国贵族学校威灵顿公学现任校长安松尼·谢尔顿表示,就最好的独立学校而言,各种成功元素是如此的深植于它的组织质地之中,因而它的成功几乎可以忽略校长的作用。由此,可以推断未来学校的影子领导者在消隐自我的同时,也会推进领导力的群体力量。

余论：结论与反思

分布式领导作为领导力理论的前沿成果对我国校本教研在实践中的运行具有重要指导意义,本书论证了分布式领导在中国传统文化中的自然根基以及在教育领域的落脚点,东方领导力思想中的影子领导者与西方分布式领导中对领导者权力的消减在理念上不谋而合不断充盈着本书的思想内涵。行文至此,需要对本书的研究结论做进一步提升,以此更明确的回应文初提到的研究问题。

一、研究结论

对于本书而言,分布式领导是一种研究视角和框架,校本教研是教师专业发展的组织载体。二者的关联性源于其共同蕴含的教育学蕴味以及学校发展的现实需要。教研组越来越成为"教务处的忠实执行机构",教研活动停留在备课分工的操作上,评课环节碍于面子等现象昭示这种缺乏思想碰撞与问题意识的校本教研正是当今大部分学校所面临的教研现状。本书的主要结论在于分布式领导为校本教研行政化问题提供了适切性视角,它对校本教研实践困境的引领作用主要表现在以下三个方面。

首先,"校本教研主体间影响机制模型"为校本教研在学校层面的落实提供了践行标准和理想样态。一方面,以校长为主体的教学领导者在学校教研中不断隐去自我行政身份,力求尝试通过非权力影响力来影响教师,如提升专业技能,以身示范等;而师徒结对成为促进新教师教学领导力提升的有效方式,双方在以具体问题为主的实践情境中通过不断的交互实现影响力的双向流动。这一理论模型的建立为分布式教学理论与校本教研的适切性关系的研究证明提供了前提保障。与此同此,二者的适切性关系使得作为西方领导力理论的分布式领导为东方校本教研提供理论指导奠定了合法性基础。

其次,分布式领导对中国校本教研的意义不在于领导职位分布,而在于影响力的分布。如果从字面上理解,分布式领导的"分布"二字,容易使人们陷入对分布式领导的歧义理解,即"分布"是对领导角色和领导职位的分布,如果是从这个角度来理解的话,对校本教研而言,恰恰是无意义的。中国分布式领导的杰出研究者冯大明表示,从理念上,中国学校中在政策制定上的"群众路线"、"教职工代表大会"、"党支部保证监督制"以及理念上提倡的"参政意识"和"主人翁精神"等现象本身就是权力分布、民主领导的表现。此外,校长、中层领导、教研组长、学科带头人等也呈现扁平化的分布式领导结构。① 那么,分布式领导对中国教研系统的新意要回归到分布式领导理论的本质,即"分布式领导的分布要义不在于对领导角色、职位、权力的分布,而在于对领导者影响力的分布。"②除此之外,"让适合的人干适合的事"从表面上看是领导者对权力与职能的分布,但本质是把不同的领导任务分配

---

① 冯大鸣.西方教学领导研究的再度兴盛及逻辑转向[J].教育研究,2012:3.
② Harris, A. Distributed Leadership: Different Perspectives[M]. Milton: Springer, 2009:4.

到具有不同专长的影响源中，每一个具有该领域专长的影响源会在实践中继续发挥他们的影响力并对他人的实践产生影响。斯皮兰曾经表示，分布式领导的框架建立在两个前提假设的基础上："第一，领导力实践被分布在领导者、跟随者和学校情境的互动中，第二，只有通过考虑领导任务的情境，领导力才能得到最好的理解。"[①]因此，影响力不是孤立存在的，有效影响力一定是在主体间互动中产生的。

最后，影响力分布的要义是引起实践行为的改变。主体间在情境中的互动构成了影响力的结果，情境的具体性、互动的有效性都会直接提升影响力的质量。这两点是与校本教研联系最密切的方面，"校本"的核心要义就在于解决具体问题，而具体问题必须在情境中才可以得到有效解决，脱离了情境的具体问题是没有意义的。例如，在某一领导情境下与跟随者之间的互动可能产生显著影响，在另一领导情境下与相同跟随者的互动可能就产生微弱影响，对这种差别的影响会给学校教学领导者一个重要的启示，教学领导者在发挥其影响力、关注其影响结果的同时，务必深入领导现场、进入领导情境、甄别具体、真实的教育主体和教育问题，才能发挥影响力应有的效果。[②] 影响力的发酵过程可能是缓慢的，呈现形式可能是多样的，但效果一定是显著的。分布式领导对校本教研是否有指导意义，取决于领导者是否对影响力有正确的理解并付诸实践。例如，学校领导者的影响力，不仅在于领导者听了多少节课、搭建了多少个教师项目、给出了多少反馈等，更在

---

① Spillane, J. P. & Halverson, R. & Diamond, J. B. Towards a Theory of Leadership Practice：A Distributed Perspective [J]. Journal of Cur - riculum Studies, 2004：36.

② 冯大鸣. 西方教学领导研究的再度兴盛及逻辑转向[J]. 教育研究,2012：3.

于所有做的这一些是否对教师产生了影响,即是否触动他的内心,是否影响了他的行为。前者只是影响力运作的过程、手段,后者才是影响力的结果。教学领导者需要关注其影响模式并重视影响力的结果,它是理解领导实践的透视镜,它以一种"描述而非规定"的方式帮助人们正确理解组织中的从属关系;①

此外,尽管在本书中分布式领导是审视校本教研实践问题的有力框架,但是二者并非达到无缝衔接,在实践中会难免遇到"水土不服"的情况。例如,关于"赋权"的情况就有所差异。尽管对教师的赋权增能是分布式领导所倡导的核心理念之一,但是这一理念在我国学校系统的应用要充分考虑到教师的赋权意愿。与美国教师强烈的赋权意愿想法相比,我国中小学普通教师对"赋权"行为普遍表示迟疑,原因在于美国教师重视自我权利的实现,我国教师则把"赋权"理解为行政事务的增多。因此,分布式领导在中小学实践的运用过程中要因地制宜,具体问题具体分析,警惕一刀切的情况。

二、研究反思

尽管本书的研究视角以及研究方法与研究问题的结合是本书的亮点,但同时也是值得深入反思的部分,有必要从研究方法与研究视角两方面对整个研究过程做深入的反思并从中透视研究的不足。

---

① 刘雨田,陈时见. 分布式学校领导的内涵特征与实践路径[J]. 全球教育展望,2017,46(01):109-115.

　　一方面,对分布式领导这一研究视角的反思。事实上,分布式领导既是一种研究视角又是一种研究框架。相对一套行之有效的解决方案而言,本书更愿意将其视为审视教研问题的研究视角,正如斯皮兰所说,"分布式视角并非为领导力实践提供了唯一富有成效的框架,但是它的确提供了研究领导实践活动的重要理论杠杆。"①本书对分布式研究视角正持此研究准则,即以分布式领导的视角统领校本教研的实践问题,重在审视与检测教学结构、教学领导者与教师之间的关系以及教师获得专业提升的有效方式等问题。尽管笔者努力秉持将分布式领导视为视角而非解决方案的研究准则,但是在分析过程中还是会留有实用主义的痕迹。具体表现在当发现校本教研的实践问题时,倾向于将分布式领导视为思考解决问题的途径。

　　另外一方面,对扎根理论这一研究方法的反思。分布式领导与校本教研的适切性关系是本书的研究假设,这种研究假设首先起源于笔者对分布式领导理论的系统理解,那种熟悉而又新颖的理念唤起了笔者对此与校本教研的联结。一方是西方具有前瞻性的领导力理论成果,一方是东方传统的教师实践系统,二者如何得以连接? 作为质性研究方法的扎根理论,恰到好处的弥补二者在时间和距离上的缝隙,在对原始材料的三级编码之后,校本教研的主体间影响机制渐渐呈现出来。尽管笔者在对校本教研进行扎根理论研究之前,始终告诫自己要悬置对理论模型的自我预期,但是还在某种程度上受到研究假设以及分布式领导概念框架先入为主的影响。尽管笔者

---

① Spillane, James P. & Richard Halverson, & John B. Diamond. "Towards a theory of leadership practice: A distributed perspective." [J]. Journal of curriculum studies, 2004, 36(1): 3 – 34.

通过前期调研、回国调研等方式努力克服这方面困难,但是访谈对象的有限性仍然成为限制扎根理论走向完善的主要原因。值得庆幸的是,扎根理论的特性允许研究者在分析资料的同时搜集资料,二者的可同步性为笔者后期进一步完善"校本教研主体间影响机制模型"提供了可能性。

此外,分布式领导的杰出研究者斯皮兰也曾对分布式领导做了反思与展望,他讲到"学校的教学实践很少像分布式领导理论构成的线性排序所暗示的那样整齐。尽管这样,到目前为止,分布式领导对更好地审视和评价学校组织结构的贡献仍然是富有洞察力和成效的。"①其实,每一个理论和研究都有自身不可避免的局限性,保持理论的开放性与自身的反思性是理论研究得到不断完善的前提。从这个意义上讲,如果本书能够引起其他学者的注意,并成为其他学者问题研究的开端,那么本书的研究意义就已经超越了它自身。

---

① Gronn, Peter. "The future of distributed leadership." [J]. Journal of Educational Administration, 2008, 46(2): 141–158.

参考文献

一、著作类

[1] Bums, J. M. . Leadership. New York[M]. NY：Harper & Row. 1978.

[2] Camburn，E. M. & Han，S. W. Investigating connections between distributed leadership and instructional change [M]. Netherlands：Springer，2009.

[3] Conklin J. Dialogue Mapping：Building Shared Understanding of Wicked Problems [M]. John Wiley & Sons，Inc. 2005.

[4] Crowther，F.，Ferguson，M.，&Hann，L. Developing teacher leaders：How teacher leadership enhances school success（2nd ed.）[M]. Thousand Oaks，CA：Corwin Press &National Association of Secondary School Principals，2009.

[5] Dewey，J. The sources of a science of education.[M]. New York：Horace Liveright，1929.

[6] Gibb，C. A.，"Leadership"，in Lindzey，G.（Ed.），Handbook of Social Psychology，Vol. 2 [M]. Addison-Wesley，Reading，MA，1954.

[7] Gibb，C. Λ.，"Leadership"，in Lindzey，G. and Aronson，E.（Eds），The Handbook of Social Psychology，Vol. 4 [M]. Addison-Wesley，Reading，MA，1968.

[8] Gibbon，P. H. A call to heroism：Renewing America's vision of greatness [M]. Grove/Atlantic，Inc. 2007.

[9] Gronn，P. Distributing and intensifying school leadership. In Bennett，N. and Anderson，L.（Eds），Rethinking Educational Leadership：Challenging the Conventions[M]. London：Sage，2003.

[10] Hargreaves，A. Teaching in the knowledge society [M]. Philadelphia，PA：Open University Press/Teachers College Press，2003.

[11] Harris，A. Distributed Leadership：Different Perspectives[M]. Milton：Springer，2009.

[12] Harris，A. Distributed school leadership：Developing tomorrow's leaders [M]. Lon-

don: Routledge, 2008.

[13] Hart, A. Work redesign: A review of literature for education reform. In S. Bacharach (Ed.), Advances in research and theories of school management [M]. New Haven, CT: JAI, 1990.

[14] Katz, R. L. and Kahn, D. The Social Psychology of Organizing, 2nd ed. [M]. Wiley, New York, 1987.

[15] Katzenmayer M, Moller G. Awakening the Sleeping Giant: Helping Teachers Develop as Leaders. Second Edition. [M]. Corwin Press, 2001.

[16] Leithwood, K. and Jantzi, D. The effect of different sources of leadership on student engagement in school. In Riley K. and Seashore Louis, K. (eds.), Leadership for change and school reform[M]. London: Routledge, 2000: 50 −66.

[17] Lieberman A E. Building a Professional Culture in Schools. [M]. New York: Teachers College Press 1988.

[18] Lieberman, A. & Saxl, E. & Miles, M. Teacher leadership: Ideology and practice. In Lieberman, A. (Ed.), Building a professional culture in new schools [M]. New York: Teachers College Press, 1988.

[19] Lincoln & Guba E G. Naturalistic inquiry[M]. CA: Sage Publications, 1985.

[20] Locke, E. A. Leadership: Starting at the top. In C. J. Pearce & C. Conger (Eds.), Shared leadership: Reframing the hows and whys of leadership[M]. Thousand Oaks, CA: Sage. 2003.

[21] Locke, E. A. Leadership: Starting at the top. In C. J. Pearce & C. Conger (Eds.), Shared leadership: Reframing the hows and whys of leadership[M]. Thousand Oaks, CA: Sage. 2003.

[22] Pittman, T. S. Motivation. In D. T. Gilbert, S. Fiske & G. Lindzey (Eds.), The handbook of social psychology (4th ed.) [M]. Boston, MA: McGraw-Hill, 1998.

[23] Rost, J. C, Leadership for the twenty-first century[M]. Westport, CT: Praeger Publishers. 1991.

[24] Smylie, M., Conley, S., &Marks, H. Reshaping leadership in action. In J. Murphy (Ed.), The educational leadership challenge: Redefining leadership for the 21st century (101st yearbook of the National Society for the Study of Education, Part I) [M]. Chicago: National Society for the Study of Education, 2002.

[25] Spillane J. P. Distributed leadership[M]. San Francisco: Jossey-Bass, 2006.

［26］ Swindoll, C. R. Great Lives：Job：A Man of Heroic Endurance［M］. Thomas Nelson，2009.

［27］Wagner C G . The Fifth Discipline：The Art and Practice of the Learning Organization.［M］. Doubleday/Currency，1994.

［28］Yukl,G. Leadership in organizations（5th ed.）. Upper Saddle River［M］. NJ：Prentice Hall. 2002.

［29］［美］B. S. 布卢姆. 教育目标分类学［M］. 罗黎辉等，译. 上海：华东师范大学出版社,1986.

［30］［美］威廉·维尔斯曼著，袁振国译. 教育研究方法导论［M］. 北京：教育科学出版社,1997.

［31］［英］卡麦兹·建构扎根理论：质性研究实践指南［M］. 边国英，译. 重庆：重庆大学出版社,2009.

［32］朱丽叶·科宾,安塞尔姆·施特劳斯著,朱光明译. 质性研究的基础：星恒扎根理论的程序与方法(第3版)［M］. 重庆:重庆大学出版社,2015.

［33］郭玉霞. 质性研究资料分析［M］. 台北:高等教育出版,2009.

［34］钟启泉. 校长的课程领导［M］. 上海:华东师范大学出版社,2003.

［35］陈向明. 社会科学质的研究［M］. 台北:五南出版社,2002.

［36］陈向明. 质的研究方法与社会科学研究［M］. 北京:教育科学出版社,2000.

［37］马云鹏. 课程实施的探索—小学数学课程实施的个案研究［M］. 长春:东北师范大学出版社.2001.

二、学位论文类

［1］Halverson,RR. Representing phronesis：Supporting instructional leadership practice in schools（Order No. 3050529）. Available from ProQuest Dissertations & Theses Global.（305522112）.（2002）.

［2］Li, Xiao Hui. "Diagnostic Research on the School-Based Research Implementation of the Experimental High School Attached to Beijing Normal University." Order No. 10339826 Beijing Normal University（People's Republic of China）, 2010.

［3］Taylor, J. E.（2004）. Distributed instructional leadership and teachers' perceptions of and motivation for instructional improvement（Order No. 3122056）. Available from ProQuest Dissertations & Theses Global.（305181486）.

［4］ Zhou, Ming. "The Design and Application of the School-Based Research and Training Platform on the Basis of Workflow Management." Order No. 10441792 East China Normal University (People's Republic of China), 2010.

［5］ 任丽华. 校本教研的理论与实践[D]. 山东师范大学,2006.

［6］ 孙立柱. 高中教研组建设存在的问题及解决对策[D]. 内蒙古师范大学,2018.

［7］ 孟霞光. 校本教研:教师专业发展的有效途径[D]. 山东师范大学,2005.

［8］ 岳海玲. 中小学教研组生存境遇的实证研究与理性思考[D]. 山东:曲阜师范大学,2010.

［9］ 平芳. 我国教研内容与方式研究[D]. 上海:华东师范大学,2018.

［10］ 施华强. 当前农村小学体育教研工作的现状分析及发展对策[J]. 桂林师范高等专科学校学报,2008(01):132 −134.

［11］ 李叶峰. 教研组长课程领导角色的质性研究[D]. 西南大学,2010.

［12］ 殷建华. 走向教育家[D]. 华东师范大学,2011.

［13］ 罗移山. 新课程背景下学校教研组转型建设研究[D]. 华中师范大学,2012.

［14］ 董美荣. 校本教研研究范式探析[D]. 南京师范大学,2012.

［15］ 蒋福超,刘正伟. 专业学习共同体视角下的教研组变革[J]. 教育发展研究,2009,28(10):83 −87.

［16］ 赵文钊. 小学教师"集体备课"现实问题与改进策略研究[D]. 西北师范大学,2011.

［17］ 金秋萍. 中学分布式领导研究[D]. 广西:广西师范学院,2015.

［18］ 陈素平. 基于团队运作模式的学校教研组织建设与探索[D]. 华东师范大学,2006.

［19］ 龚跃华. 校本教研:教师专业发展的有效途径[D]. 湖南师范大学,2006.

三、期刊类

［1］ Barth, R. Teacher leader [J]. Phi Delta Kappan, 2001, 82: 443 −449.

［2］ Barth, Roland S. "Teacher leader."[J]. Phi delta kappan, 2001, 82(6): 443 −449.

［3］ Bass, B. M. Two decades of research and development in transformational leadership [J]. European Journal of Work and Organizational Psychology, 1998, 8(1).

［4］ Bennett& Sue& Shirley Agostinho&Lori Lockyer. "The process of designing for learning: understanding university teachers' design work."[J]. Educational Technology Research and Development 2017, 65(1): 125 −145.

[5] Berger, J. Sandra Feldman, Scrappy and Outspoken Labor Leader for Teachers, Dies at 65 [J]. New York Times, 2005, (20): 5.

[6] Berry, B. & Ginsberg, R.. Creating lead teachers: From policy to implementation [J]. Phi Delta Kappan, 1990, 71: 616 −621.

[7] Bishop, H. & Tinsley, A. & Berman, B. A contemporary leadership model to promote teacher leadership[J]. Action in Teacher Education, 1997, 19.

[8] Bolin&Frances S. "Empowering Leadership. "[J]. Teachers College Record, 1989, 91 (1).

[9] Bredeson, P. V. Distributed instructional leadership in urban high schools: Transforming the work of principals and department chairs through professional development [J]. Journal of School Leadership, 2013, 23(2): 362 −388.

[10] Camburn& Eric& Brian Rowan&James E. Taylor. "Distributed leadership in schools: The case of elementary schools adopting comprehensive school reform models. " [J]. Educational evaluation and policy analysis, 2003, 25(4).

[11] Cherkowski& Sabre&Willow Brown. "Towards Distributed Leadership as Standards-Based Practice in British Columbia. " [J]. Canadian Journal of Education 2013, 36 (3): 23 −46.

[12] Childsbowen D, Moller G, Scrivner J. Principals: Leaders of Leaders. [J]. Nassp Bulletin, 2000, 84(84):27 −34.

[13] Clegg R S, Hardy C, Nord R W. Handbook ofOrganisation Studies[J]. Journal of the Operational Research Society, 1997, 48(9):962 −962.

[14] Cochran-Smith, M. & Lytle, S. Teacher research as a way of knowing [J]. Harvard Educational Review, 1992, 62: 447 −474.

[15] Conzemius, A. Ally in the office [J]. Journal of Staff Development, 1999, 20: 31 −34.

[16] Darling-Hammond LE . Professional Development Schools: Schools for Developing a Profession. [J]. Teaching Education, 2005, 7(2).

[17] Darling-Hammond L, Bullmaster M L, Cobb V L. Rethinking Teacher Leadership Through Professional Development Schools[J]. Elementary School Journal, 1995, 96 (1).

[18] Day C. &Sammons P. &Hopkins D. &Leithwood K. &Kington A. Research into the im-

pact of school leadership on pupil outcomes: Policy and research contexts [J]. School Leadership and Management, 2008, 28(1): 5 -25.

[19] Dewey, J. Democracy in education [J]. The Elementary School Journal, 1903, 4: 193 -204.

[20] Eccles, R. G. &Nohria, N. & Berkley, J. D. Beyond the hype: Rediscovering the essence of management [J]. Beard Books, 1992: 13.

[21] Farris-Berg, Kim. "A different model for school success: Empower teachers. " [J]. Phi Delta Kappan, 2014, 95(7): 31 -36.

[22] Fischer, K. W. Mind, brain, and education: Building a scientific groundwork for learning and teaching[J]. Mind, Brain, and Education, 2009, (3): 2 -15.

[23] Fletcher, J. K. & Kaufer, K. Shared leadership: Paradox and possibility. In C. J. Pearce & C. Conger (Eds.), Shared leadership: Reframing the how and whys of leadership . Thousand Oaks, CA: Sage. 2003:22.

[24] Frymier, Jack. "Bureaucracy and the Neutering of Teachers. " [J]. Phi Delta Kappan 1987, 69(1): 9 -14.

[25] Fullan, M. The change leader [J]. Educational Leadership, 2002, 59(8).

[26] Gibb, C. A. "An interactional view of the emergence of leadership" [J]. Australian Journal of Psychology, 1958, 10(1): 103.

[27] Gordon, R. D. Dispersed leadership: Exploring theImpactof Antecedent Forms of Power Using a Communicative Framework[J]. Management Communication Quarterly, 2010(24): 260 -287.

[28] Gronn P. Distributed leadership as a unit of analysis[J]. Leadership Quarterly, 2002, 13 (4):423 -451.

[29] Gronn, P. . Hybrid leadership. In K. Leithwood, B. Mascall, & T. Strauss (Eds.), Distributed Leadership According to the Evidence . New York, NY: Routledge. 2009: 17 -40.

[30] Gronn, P. Leadership: Who needs it? [J]. School Leadership and Management,2003, 23(3): 271.

[31] Gronn, P. The future of distributed leadership [J]. Journal of Educational Administration, 2008: 46.

[32] Gu, L. & Wang, J. School-based research andprofes- sional learning: an innovative model to promote teacher professional development in China [J]. Teaching Education,

2006, 17(1): 59 −73.

[33] Hallinger, P. & Heck, R. H. Collaborative leadership and school improvement: Understanding the impact on school capacity and student learning [J]. School Leadership & Management, 2010, 30(2): 95 −110.

[34] Hallinger, P. & Murphy, J. Assessing the instructional management behavior of principals [J]. Elementary School Journal, 1985, 86(2): 217 −247.

[35] Halverson, R. & Clifford, M. Distributed instructional leadership in high schools [J]. Journal of School Leadership, 2013, 23(2): 389 −419.

[36] Hammersley-Fletcher, L. & Brundrett, M. Leaders on leadership: The impressions of primary school headteachers and subject leaders [J]. School Leadership and Management, 2005, 25(1): 59 −75.

[37] Hargreaves, D. The true meaning of system leadership. Nottingham: NCSL. 2007:27. Online: http://www. ncsl. org. uk/media/0A8/43/david-hargreaves-presentation-slides.

[38] Harris, A. Distributed leadership: Implications for the role of the principal [J]. Journal of Management Development, 2012, 31(1): 7 −17.

[39] Harris, A. Teacher leadership as distributed leadership: Heresy, fantasy or possibility? [J]. School Leadership & Management, 2003: 316.

[40] Harris, A. & Townsend, A. Developing leaders for tomorrow: Releasing system potential [J]. School Leadership and Management, 2007, 27(2).

[41] Harris, A. Distributed leadership and school improvement: leading or misleading? [J]. Educational Management Administration &Leadership, 2004, 32(1):11 −24.

[42] Harris&Alma. "Effective leadership in schools facing challenging contexts. "[J]. School Leadership & Management, 2002, 22(1): 15 −26.

[43] Hartley, D. The emergence of distributed leadership in education: Why now? [J]. British Journal of Educational Studies, 2007, 55(2).

[44] Hatcher, R, "The distribution of leadership and power in schools" [J]. British Journal of Sociology of Education, 2005, 26(2).

[45] Heck, R. H. &Hallinger P. Assessing the contribution of distributed leadership to school improvement and growth in math achievement [J]. American Educational Research Journal, 2009, 46(3): 659 −689.

[46] Heller, M. F. , & Firestone, W. A. Who's in charge here? Sources of leadership for

change in eight schools[J]. The Elementary School Journal,1995,96(1):65 −86.

[47] Hidi, S. Interest and its contribution as a mental resource for learning [J]. Review of Educational Research, 1990, (60): 549 −571.

[48] Jensen, Ben, et al. "Beyond PD: Teacher Professional Learning in High-Performing Systems. Teacher Quality Systems in Top Performing Countries. " [J]. National Center on Education and the Economy. 2016.

[49] Jones, M. L. Management development: an African focus [J]. International Studies of Management & Organization, 1989, 19(1): 74 −90.

[50] Kearney, R. C. Randi Weingarten, the American Federation of Teachers, and the challenges of policy leadership in a hostile environment [J]. Public Administration Review, 2011, 71(5).

[51] Kirkpatick, S. A. & Locke, E. A. Leadership: do traits matter? [J]. Academy of Management Perspectives, 1991, 5(2): 55.

[52] Klar H W . Laying the Groundwork for Distributed Instructional Leadership in Urban High Schools: How Principals Foster Department Chair Instructional Leadership Capacity. [J]. Proquest Llc, 2010:296.

[53] Klein, Ziegert. & Knight& Xiao. Dynamic delegation: shared, hierarchical, and deindividualized leadership in extreme action teams. [J]. Administrative Science Quarterly, 2006, 51: 590 −621.

[54] Knowles MS , Iii E F H , Swanson R A . The adult learner the definitive classic in adult education and human resource development[J]. Industrial & Commercial Training, 2005, 45(7):107 −109.

[55] Lambert, L. Leadership redefined: An evocative context for teacher leadership [J]. School Leadership & Management, 2003, 23(4): 421 −430.

[56] Leana& Carrie, R. "Power relinquishment versus power sharing: Theoretical clarification and empirical comparison of delegation and participation. " [J]. Journal of Applied Psychology, 1987, 72(2).

[57] Leithwood K. &Jantzi D. The effects of transformational leadership on organizational conditions and student engagement with school [J]. Journal of Educational Administration, 2000, 38(2):112 −129.

[58] Leithwood K. &Mascall B. &Strauss T. Distributing leadership to make schools smarter: Taking the ego out of the system [J]. Leadership and Policy in Schools, 2007, 6(1):

37 −67

[59] Leithwood, K. & Begley, P. & Cousins, B. Developing expert leadership for future schools [J]. London: Falmer Press, 1992: 25

[60] Leithwood, K. & Mascall, B. & Strauss, T. & Sacks, R. & Memon, N. & Yashkina, A. "Distributing leadership to make schools smarter: taking the ego out of the system" [J]. Leadership and Policy in Schools, 2007, 6(1).

[61] Leithwood, K. &Leonard, L. & Sharratt, L. Conditions fostering organizational learning in schools [J]. Educational Administration Quarterly, 1998, 34(2): 243 −276.

[62] Leithwood& Kenneth&Blair Mascall. "Collective leadership effects on student achievement."[J]. Educational administration quarterly, 2008, 44(4): 529 −561.

[63] MacBeath, J. Leadership as distributed: A matter of practice [J]. School Leadership and Management, 2005, 25(4): 349 −366.

[64] Manz, C. C. & Sims Jr, H. P. Superleadership: Beyond the myth of heroic leadership [J]. Organizational dynamics, 1991, 19(4): 18 −35.

[65] Maxcy, B. D. & Nguyen, T. S. S. "The politics of distributing leadership: reconsidering leadership in two Texas elementary schools" [J]. Educational Policy, 2006, 20 (1): 180.

[66] McColl-Kennedy, J. R. & Anderson, R. D. Impact of leadership style and emotions on subordinate performance [J]. Leadership Quarterly, 2002, 13(5): 545 −559.

[67] Medina, J. A schools veteran girds for a broader battlefield [J]. New York Times, 2008: 1 −4

[68] Metcalf, Henry C, Urwick. Dynamic Administration: The Collected Papers of Mary Parker Follett. [J]. American Journal of Nursing, 1940, 43(5):518.

[69] Miller, R. J. & Rowan, B. Effects of organic management on student achievement[J]. American Educational Research Journal, 2006, 43(2): 219 −253.

[70] Mishra& Punya& Matthew, J. Koehler. "Technological pedagogical content knowledge: A framework for teacher knowledge." [J]. Teachers college record, 2006, 108 (6): 1017.

[71] Nirenberg, J. Leadership: A practitioner's perspective on the literature [J]. Singapore Management Review, 2001, 23(1): 1 −34.

[72] Pounder, J. Transformational classroom leadership: The fourth wave of teacher leadership? [J]. Educational Management, Administration, & Leadership, 2006, 34: 533

-545.

[73] Reid, I. &Brain, K. & Boyes, L. C. "Teachers or learning leaders?: Where have all the teachers gone? Gone to be leaders, everyone"[J]. Educational Studies, 2004, 30(3): 252.

[74] Rinehart&James, S. &Paula Myrick Short. "Viewing reading recovery as a restructuring phenomenon. "[J]. Journal of School Leadership, 1991, 1(4): 379 −399.

[75] Robinson, V. M. J. & Lloyd, C. A. & Rowe, K. J. The impact of leadership on student outcomes: An analysis of the differential effects of leadership types [J]. Educational Administration Quarterly, 2008, 44(5): 635.

[76] Rogus J F. Teacher Leader Programming: Theoretical Underpinnings[J]. Journal of Teacher Education, 1988, 39(1):46 −52.

[77] Rowan, B. Vommitment and control: Alternative strategies for the organizationaldesign of schools [J]. American Educational Research Association, 1990: 355.

[78] Ryan, R. M. & Deci, E. L. Self-determination theory and the facilitation of intrinsic motivation, social development, and well-being [J]. American Psychologist, 2000, (55): 68 −78.

[79] SandraJone. "Distributed Leadership: A Colaborative Framework for Academics, Executives and Profesionals in Higher Education" [J]. Journal of Higher Education Policy and Management, 2012, 34(1): 67 −78.

[80] Sayer, R. A. & Walker, R. The new social economy: Reworking the division of labor [J]. Blackwell, 1992: 15 −17.

[81] Silins, H. & Mulford, B. Schools as learning organizations: The case for system, teacher and student learning [J]. Journal of Educational Administration, 2002, 40 (5): 425 −446.

[82] Silva, D. & Gimbert, B. & Nolan, J. Sliding the doors: Locking and unlocking possibilities for teacher leadership [J]. Teachers College Record, 2000, 102.

[83] Sloep& Peter, B. "Networked professional learning. " Technology-enhanced professional learning [J]. Processes, practices and tools, 2013: 97 −108.

[84] Spillan, J. P. &J. B. Diamond&L. Jita. Leading instruction: The distribution of leadership for instruction [J]. Journal of Curriculum Studies, 2003, 35(5):533 −543.

[85] Spillane, J. P. Distributed leadership [J]. The Educational Forum, 2005, 69.

[86] Spillane, J. P. & Halverson, R. & Diamond, J. B. Towards a Theory of Leadership Prac-

tice：A Distributed Perspective［J］. Journal of Cur -riculum Studies，2004：36.

［87］Spillane，J. P. & Healey，K. Conceptualizing school leadership and management from a distributed perspective［J］. The Elementary School Journal，2010，111（2）：252 −281.

［88］Spillane，J. P. ，Diamond，J. B. ，&Jita，L. Leading instruction：The distribution of leadership for instruction［J］. Journal of Curriculum studies，2003，35（5）：533 −543.

［89］Spillane，James P. ，&Eric Camburn. The practice of leading and managing：The distribution of responsibility for leadership and management in the schoolhouse［J］. American Educational Research Association，2006，（22）：1 −38.

［90］Stodolsky& Susan S. &Pamela L. Grossman. "The impact of subject matter on curricular activity：An analysis of five academic subjects." ［J］. American Educational Research Journal，1995，32（2）：227 −249.

［91］Stoll，L. &Bolam，R. &McMahon，A. Professional learning communities：A review of the literature［J］. Journal of Educational Change，2006，7（4）：221 −258.

［92］Sun A，Xia J. Teacher-distributed leadership，teacher self-efficacy and job satisfaction：A multilevel SEM approach using the 2013 TALIS data［J］. International Journal of Educational Research，2018.

［93］Timperley，H. S. Distributed leadership：Developing theory from practice［J］. Journal of curriculum studies，2005，37（4）：395 −420.

［94］Weick，Karl E. &Karlene H. Roberts. "Collective mind in organizations：Heedful interrelating on flight decks." ［J］. Administrative science quarterly，1993：357 −381.

［95］Weidemann& Wanda&Mary Barr Humphrey. "Building a network to empower teachers for school reform."［J］. School Science and Mathematics，2002，102（2）：88 −93.

［96］Woods& Philip A. &Amanda Roberts. "Distributed leadership and social justice：images and meanings from across the school landscape."［J］. International Journal of Leadership in Education，2016，19（2）：138 −156.

［97］曾楚清. 课程改革大背景下改进学校教研的思考［J］. 现代教育论丛，2005（01）：57 −59.

［98］陈桂生. "中国的教研组现象"平议［J］. 南通大学学报（教育科学版），2006（04）：1 −4.

［99］陈桂生. 且说初任教师入职辅导中的"师徒制"［J］. 湖南师范大学教育科学学报，2006（5）：38 −40.

[100] 陈向明.扎根理论在中国教育研究中的运用探索[J].北京大学教育评论,2015
(1):2-16.

[101] 崔允漷.关于我国当前中小学教师专业发展活动的调查研究[J].全球教育展望,
2011,40(9):25-31.

[102] 方学礼.分布式领导——西方学校领导再造探研[J].外国教育研究,2005(12):
57-60.

[103] 冯大鸣.分布式领导之中国意义[J].教育发展研究,2012,32(12):31-35.

[104] 冯大鸣.美、英、澳教育领导理论十年(1993-2002)进展述要[J].教育研究,2004
(3):72-78.

[105] 冯大鸣.西方教学领导研究的再度兴盛及逻辑转向[J].教育研究,2012:3.

[106] 何文明.论教研员在校本教研中的角色转换和指导策略[J].上海教育科研,2012
(5):61-63.

[107] 蒋园园.分布式领导概念辨析及对学校组织改善的作用[J].教育科学,2008,24
(06):11-15.

[108] 蒋园园.关注过程:现代学校分布式领导模式的实践转向[J].教育理论与实践,
2011,31(31):25-28.

[109] 柯政,洪志忠.教师专业发展的本土理解——基于对132位中学高级教师的调查
[J].教育发展研究,2011(18):48-56.

[110] 林汉成.集体备课低效现状及反思[J].现代中小学教育,2009(01):54-55.

[111] 刘胜男,赵敏.教师增权赋能的实现机制——分布式领导活动中的要素及作用机
理[J].教育发展研究,2011,31(12):16-20.

[112] 刘雨田,陈时见.分布式学校领导的内涵特征与实践路径[J].全球教育展望,
2017,46(01):109-115.

[113] 卢琳.论校本教研[J].教育导刊,2002(23):32-35.

[114] 罗刚淮.教研组长应该成为教师成长的导师[J].中小学信息技术教育,2015(5):
38-40.

[115] 孙奎贞,刘艳丽.新领导力——古代领导力与现代领导力比较研究[J].北京行政
学院学报,2011(03):18-21.

[116] 田慧生.时代呼唤教育智慧及智慧型教师[J].教育研究,2005(02):50-57.

[117] 肖川,胡乐乐.论校本教研与教师专业成长[J].教师教育研究,2007(1):17-21.

[118] 徐伯钧.我国中小学教研组建设研究述评[J].教育研究,2016,37(09):73-82.

[119] 严丽华,王垒.何为分布式领导[J].中国人力资源开发,2003(8):54-55.

［120］余文森.论以校为本的教学研究［J］.教育研究,2003(4):53－58.

［121］余文森.校本教学研究的实践形式［J］.教育研究,2005(12):25－31.

［122］俞可平.法治与善治:一种新的政治分析框架［J］.南京社会科学,2001(9):40.

［123］张伟平,赵凌.当前中小学校本教研的问题与对策［J］.教育研究,2007(6):69－73.

［124］张晓峰.分布式领导:缘起,概念与实施［J］.比较教育研究,2011,33(9):44－49.

［125］周群英.美国巨型大学治理模式研究［J］.长春工业大学学报(高教研究版),2008,29(04):104－106.

［126］周文叶,陈铭洲.寻找支点:用影响力资本撬动中国教研创新——全国首届教研创新论坛综述［J］.教育发展研究,2016,36(20):81－84.

四、其他类

［1］www. educationevolving. org

［2］罗树庚. 教研组活动:从"卷入"走向"深入"［N］. 中国教育报,2018－06－06(5).

附　　录

附录一：教学领导者访谈提纲

1. 请简要介绍下贵校实行教研活动的基本情况（可从常规形式、特色环节等方面考虑）

2. 贵校教学系统的组织结构是什么？（若有纸质材料最好）各层人员的职能是什么？您扮演的是什么角色？您是如何调动教师或（下级）工作积极性的？

3. 您觉得教研活动保持活力的关键是什么？如何更好地实现与教师之间的分工和交流？

4. 贵校是如何评价校本教研的效果的？您觉得贵校在教研活动中遇到的最大困境是什么？如何进行反思和改进的？

5. 描述一下您经历过的感触最深的教研活动是什么样的？（具体描述过程）

6. 从过去十年到现在，您觉得教师在教研活动中的专业地位有提高吗？与学校其他决策活动相比，您觉得教师在教研活动中有更大的施展空间吗？请举例说明，您觉得发生这种变化的原因是什么？

7. 您是否接触过一些没有领导职位,但是很大影响力的教师? 描述一下他的特别之处,怎么评价这一现象? 在教研活动中,您会受到比您年轻、资历低的教师的启发吗? 请举例说明。

8. 学校为了提升教师的专业发展,都采取了哪些措施,增加了什么活动?

9. 您觉得教师把您当做行政领导看吗? 为什么?

10. 在您由普通教师上升为教学领导者的过程中,您遇到过的困难是什么? 如何解决的?

附录二:教师访谈提纲

1. 请简要介绍下贵校实行教研活动的基本情况,(可从常规形式、特色环节等方面考虑)

2. 您如何评价现在教研活动中的集体备课?

3. 您觉得教研活动保持活力的关键是什么? 如何更好地实现与教师之间的分工和交流?

4. 贵校是如何评价校本教研的效果的? 您觉得贵校在教研活动中遇到的最大困境是什么? 如何进行反思和改进的?

5. 描述一下您经历过的感触最深的教研活动是什么样的?"(举例说明)

6. 从过去十年到现在,您觉得教师在教研活动中的专业地位有提高吗? 与学校其他决策活动相比,您觉得教师在教研活动中有更大的施展空间吗? 请举例说明,您觉得发生这种变化的原因是什么?

7. 您是否接触过一些没有领导职位,但是很大影响力的教师? 描述一下他的特别之处,怎么评价这一现象? 在教研活动中,您会受到比您年轻、资历低的教师的启发吗? 请举例说明。

8. 学校为了提升教师的专业发展,都采取了哪些措施,增加了什么活动?

9. 您觉得您把教研组长当做行政领导吗? 为什么? 如果现在让你当教研组长或教学主任,你愿意吗?

10. 描述一下您遇到的一位最好的领导是什么样的? 您期望这个领导能为您的专业成长做些什么?

后　记

　　"后记"又被称为"致谢",博士论文的后记是对这4年学习生活的回顾,同时也预示着我要为自己20年的学生身份画上句号了,所以先交代故事情节,再向那些出现在我生命中的可爱的人们致敬!

　　当我每天早上起来不再琢磨穿什么的时候,我知道我的论文写作开始进入状态了!其实,在论文还没开始动笔之前,我就开始想如何写这个后记,想象着我洋洋洒洒的在论文最后一页敲打着键盘的样子,那将会是一种怎样心情!庄严神圣?轻松愉悦?激动万分?感慨万千?还是成就感爆棚?当等了好久终于等到今天的时候,我发现以上预期中心情并没有出现。从美国回来的时候离论文交盲审还有12天,"倒时差"对我来讲是奢侈的,每天只睡三四个小时。两个巨大的黑眼圈挂在我憔悴的脸上,我毫无保留地接受了它,因为这印证了我的努力,每次照镜子我都这样褒奖自己!感谢"倒时差"与"论文deadline"的百年偶遇,让我进入不用喝咖啡也可以"白天是白天,晚上也是白天"的状态,我终于感觉自己像一个博士的样子了,尽管头发还在,发际线也没有后移,但是至少我努力拼搏的状态至少可以让我赶上我班学霸名单的尾巴。论文交完盲审第二天,刘梅梅师姐说自己好像睡了一个世纪,我呢?没有嗜睡,却有一种"一碰就碎"的感觉,那是由于一种飞速运转的机器突然停止后的不知所措所致。因此,按照惯性原理,我得缓缓地停下来,我仍然戴上耳机,背起书包去了图书馆,但是不再骑小黄车飞奔了,而是以散步的姿态边走边看,走走停停。我突然发现天很蓝,丽娃河很美,两边的树很绿,旁边的花很多姿,再往里走走,咦,操场上打篮球的男生看着也有点顺眼了了……嗯,这些"美"以前都没发现,快要离开了,才想起要好好看它们一眼。都说"爱在华师大",四年里最大的遗憾可能就是那个未来的人没有出现在这么美的校园里吧,但是四年里最大的幸运也是那个未来的人没有出现,否则我一定不能按时毕业。等到这个人出现的时候,我一定要告诉他,他为我的博士学位所作出的突出贡献。好了,抒情完毕,我要开始致谢了!

一日为师终身为父,我的学习生活中有两位特别重要的老师,他们是我的博导杨小微教授,我的硕导宁虹教授。能够成为杨老师的学生,是我一直觉得特别引以为豪的事,当初在刚考到杨老师门下的时候,因为同姓"杨",所以大家都以为我可能是杨老师的什么远房亲戚,我就会这样告诉他们"去看看大榜,我是靠实力进来的好嘛。"可见,大家都不相信我有实力,可悲的是我也这么认为! 我记得在刚入师门的时候,杨老师在基教所办公室里杨老师在跟我聊如何进行博士论文的选题时说到了四个字——散点聚焦。我听了之后恍然大悟,一直铭记于心,结果四年的时间,"散"了三年,就在最后一年"聚"上了。有时候我觉得自己特别不争气,面对同学们一篇接着一篇的 C 刊,我只能这样目瞪口呆地看着,而四年以来杨老师对我的教育就可以用两个字来形容——"守望",从来不逼迫,从来不给压力,就是这样静待花开,可能对我这样的学生也别无他法。在对师门回忆中,如果提到杨老师,而没提到师母,那这种记忆一定是不完整的。在我去年回美国的时候,师母匆匆忙忙让我去她家取东西,结果我一看,她给我准备了一个大袋子,里面是蘑菇、木耳、茶叶、小米、做小米粥的杯子还有她自己磨的粉蒸肉调料等等,她说,"你这次回去后要好好吃饭,这样才能有力气写论文。"这不是老师对学生说的话,是母亲对孩子说的话。是杨门也是家门,我都不知道我哪来的福气可以成为其中一员,特别感谢杨老师这四年来对我的包容,在学术上对我的指导,在关键时刻对我的助力,在生活上对我的关爱,语言对感激之情的表达永远都是微不足道的,只能将它放在心里。

我要感谢宁老师,我一直都认为,我教育的起点不是在上学之日产生的,不是在本科阶段产生的,而是在首师大遇到宁老师的那一天产生的。硕士面试时,他严肃地问了我最后一个问题"你怕吃苦吗?"我想都没想立即回应"不怕!",后来我在首师大的学习经历被称之为"集中营式的训练",在这个过程中,有人坚持了,有人放弃了,但是我呢,"开始时很好奇,过程中很享受,结束后很怀念。"这也许是我对这种"集中营式的训练"的最贴切的评价吧,因为我从来不知道教学可以这样展开,教育可以这样发生。在他的身上,我知道了什么叫做"一言一行,为师为范"。宁老师为人正直、对学术严谨、没有人可以跟他比"认真"。他曾说教育就是当你忘掉所有知识之后剩下的那个东西,而他所给我的这种东西就是不管我在哪、不管隔了多久,不管经历了什么都无法抹去的人生底色,甩也甩不掉的,也不想甩掉,这是教育的深邃之处潜藏的"润物细无声"的力量。宁老师为我的人生打了底色,杨老师为我的人生插上翅膀,现在这只小笨鸟要开始拍打羽翼,要准备试飞了。

感谢教育学系的诸多老师给我的帮助以及在预答辩期间所提出的宝贵意见,范国睿老师,程亮老师,鞠玉翠老师以及宁本涛老师。范老师的怜香惜玉在我看来是拔刀相助,一刀就给我的博士论文一个救命的锦囊,就在那一刻,范老师成了我心中的男神,尽管我之前一直把黄书光老师视为男神,因为他的长相以及走路时颈椎弯曲的弧度特别像张嘉译,但是女孩总是善变的,所以男神这个称号,范老师请您妥妥的收下。程亮老师在所有学生眼里一直都是一颗耀眼的星,这一点小师妹们特别有发言权,每次程老师的点评都是那么的细致、到位,有见解,以至于成为我论文后续问题的求助者,谢谢程老师挤出时间让我论文"拨开云雾见天明"。鞠老师一直是我们的美女教授,性格温和,即便是预答辩之后的那天晚上一直鼓励我,"没问题的,使使劲一定能改出来!"在那个阶段,没有什么比一句"你能行"更珍贵的了。

感谢陈粤秀老师在美期间对我的照顾,我一直心里都觉得特别愧疚,因为我来到范德堡访学快两年,但是能够为你做的真的是非常有限,但你还一直跟杨老师说我很乖,我是很乖,乖的悄无声息。第一年在美国上了你的很多课,以前惧怕量化研究,后来她给我们开 Stata 的课,我开始读懂数据和符号了,因为当语言成为交流障碍的时候,符号变成了共通的东西。你总是特别暖心,经常送我一些衣服,鼓励我去参加活动,还给我向大家做演讲分享的机会。谢谢 Xiu 老师,这回去我一定做出点成果,立帖为证!

感谢香港大学的钱海燕教授,在美访学期间我们有一段共处的时间,我们每天在 Peabody 图书馆相遇,你坐在这头,我坐在那头,我常常对着电脑叹息,再转头看看你,我就看见了学者应该有的样子。特别感谢你对我博士论文的启蒙,在图书馆自习室、校园里甚至回家的路上、你不厌其烦的给我讲怎么做论文,如何理解分布式领导。和你交流总是没有距离,亲近,自然,你不像教授,我也不像学生,那种感觉很亲切,亲切得像姐妹。

感谢我的家人,首先是感谢我的妈妈,那么不辞劳苦的把我养大成人,小的时候总想帮她分担些什么,却发现除了"听话"、"别惹事"外,自己什么也做不了,现在作为我们家小镇上的第一个博士,我妈终于可以扬眉吐气一次了,你一直都觉得我特别优秀,然后我就反复强调,"那是因为你没看见别人有多优秀。"后来我知道了,这种夸奖是发自内心的,因为我的对比对象永远都是我们家小镇上张三李四家的谁谁谁,有的高中就不念了,有的已经生二胎了,所以甩他们好几条街是正常的,但同样也没什么成就感,但是为了保持我在你心中的完美形象,我也就含笑接受了。其次,我要感谢我可爱的姐姐,小的时候是我的榜样,长大后依旧是,是你坚持和韧性才有了今天的313 羊庄。谢谢你一直以来对我精神上的引导以及生活上的资助,我当初没有选择跟你一样的道路是因为我特别希望有一天我能可以在一个你力所不及的领域帮助你，尽管这一天来得迟了点，但是总归是有盼头的。

我的小伙伴们，原谅我把你们放在最后，谁让你们辈分小呢，但是请记住英语四六级写作模板中的转折语"Last but not least"。那个看起来弱弱，但内心正在变强大的芳杰，你我自首师大就是闺蜜，一路搀扶这样走过来。我们之间少了嘘寒问暖，但是一旦你有什么事，我一定会是第一时间站出来的那个人。你看你位居小伙伴排名榜之首，而且单独成段，以后不要再说我不在乎你了，虽然微信名我叫你"仙人掌"，你叫我"仙人球"，但我现在也没搞明白二者是什么联系，后来想想也不必搞清楚，总之它代表着唯一。

程程，这种叫法估计只有当事人可以识别了，特别你在我论文写作期间对我的远程指导。我一直觉得自己是一个特别苛刻的人，每次你通话谈论文的时候，我的套路是"描述惨状＋提出要求"，因此，开篇语是"程程，我现在内心极其脆弱，如果你不知道解决办法，千万别让我知道我哪有问题。"你每次小心翼翼的按要求说完要挂电话时，我的结束语是"你等会，如果咱班要是谁先写完了论文，你别告诉我！但要是谁因为没写出来论文，愁的头发都快掉光了，你要记得第一时间通知我！"天啊，我当时是吃了"黑暗料理"吗？我们班的同学们，你们给了我包容和帮助，每次发微信都会第一时间说"在"的陈婧，盲审前一晚陪我一起熬夜的素玲，一吃饭就说"我请你，你还没赚钱"的兰姐、性格与名字并不相符的欢欢、好久不见的唐唐、见了也没来得及说话的齐珊，每次我发朋友圈都会回复"你最美"的蓉姐，小学妹眼中的帅学长得昊，一说话就自带喜感的金松，每次去食堂都是备好餐巾纸的猛猛、学术大咖田贤鹏以及神龙见首不见尾的余晓畅……四年前，我们还惴惴不安地在那个破旧的文科楼里面试，四年后我却在这细数你们每一个人的模样，你们为了做我的同学真的是拼尽了全力！

各位，原谅我洋洋洒洒、没有学术水平的后记，当初那个让我怎么熬都熬不过去的四年这么快就要过去了，我陶醉于与每一个可爱面孔的回忆中，语言不加修饰，结构不讲逻辑，但却在尽力的还原每一个与你们交织的场景，因为我时刻不敢忘记教学的本质就是让人们在概念中获得直接体验，而我的目的就是让这种直接体验在每一个看到它的人的头脑中预演！

2019 年 4 月 2 日
华东师范大学中北图书馆

图书在版编目（CIP）数据

分布与交互：校本教研中教师领导力提升的新机制/杨婷著.
—上海：上海三联书店，2020.12
ISBN 978 − 7 − 5426 − 7268 − 1

Ⅰ.①分… Ⅱ.①杨… Ⅲ.①中小学 − 师资培养 − 研究

Ⅳ.①G635.12

中国版本图书馆 CIP 数据核字（2020）第 230401 号

分布与交互

——校本教研中教师领导力提升的新机制

著　　者　杨　婷

责任编辑　钱震华
装帧设计　陈益平

出版发行　上海三联书店
　　　　　中国上海市漕溪北路 331 号
印　　刷　上海昌鑫龙印务有限公司

版　　次　2020 年 12 月第 1 版
印　　次　2020 年 12 月第 1 次印刷
开　　本　700×1000　1/16
字　　数　200 千字
印　　张　16
书　　号　ISBN 978 − 7 − 5426 − 7268 − 1/G · 1583
定　　价　68.00 元